事業承継支援
マニュアル

BUSINESS SUCCESSION SUPPORT

玄場 公規　山田 直樹　栗原 浩一　内田 聡

税務経理協会

序　章

　日本には，日本経済を下支えしている優れた中堅・中小企業があり，これら
の企業には今後も日本経済の発展に貢献していただきたいと誰もが考えるとこ
ろです。しかし，今や多くの中小企業が事業承継に悩み，このままでは，今後，
３割程度の中小企業が廃業となってしまうかもしれないと指摘されています。

　そのため，政府や地方自治体，さらには様々な民間企業で積極的な支援策が
用意されています。しかし，実際に行政や中小企業を支援する筆者らは，事業
承継の「支援策」はあるものの，「支援者」が圧倒的に足りないという声をよく
聞きます。この点，実は，支援者が足りないということも事実ですが，現経営
者や後継者から相談を受けた「支援者」が具体的にどのようにしたら良いのか
わからないこともあるという課題を感じています。これが，筆者らが本書の執
筆を考えた最大の理由です。

　すでに事業承継に関する書籍は数多くあります。もちろん，これらも有益な
書籍です。特に有形資産の譲渡などの会計的・税務的な処理などの専門的書籍
が数多くありますが，これらは具体的な方法論が詳細に掲載されており，筆者
らにとっても大変参考になります。ただ，事業承継を行う現経営者や後継者の
身近かつ具体的な悩みや，企業の成長や収益性向上，さらには，それを実現す
る戦略を含んだ事業計画などを支援するための書籍は数少ないと感じています。
例えば，事業承継の一番の課題は後継者が見つからないこと，そして，次に後
継者を補佐する人材が見つからないことだと中小企業白書等は繰り返し指摘し
ています。このような悩みについて，支援者は日常接しているはずですが，こ
れを明確に指摘し，解決の方向性を提示した書籍はほとんどないのではないで
しょうか。

　事業承継を考えているような中小企業の経営者は，長年企業を経営してきた
素晴らしい経営者の方が多いでしょう。ただ，経営者の交代は数十年に一度の
出来事であり，事業承継の「プロ」と言える経営者は，まずいないのではない

でしょうか。また，事業承継を相談する相手は，税理士や公認会計士あるいは金融機関の方が多く挙げられています。この方々も，もちろん，それぞれの専門家ですが，事業承継の専門家ではないことが多いです。そのため，本書は，事業承継について，まずは「当たり前」の課題をわかりやすく指摘し，その当たり前のことをどのように解決をしていけば良いのかについても具体的かつ実践的に説明することを目的としています。

　まず，第1章では，事業承継の全体の流れについて紹介しています。事業承継に慣れている経営者は，まずいません。そのため，支援者としては，現経営者と後継者に事業承継の全体像を示すことが重要だと考えています。事業承継を先送りしてしまう経営者は多いですが，できるだけ早期に開始した方が望ましいと説得することが重要です。ただ，事業承継の形態はいくつもあり，様々な選択肢を提示し，まずは，どのように事業承継を行うべきなのか，その見通しを立てることが必要になります。そのために，支援者としては，経営者にヒアリングを行い，フローチャートを用いて，事業承継の道筋を経営者に明確に示すことが必要です。本章では，事業承継フローチャートを示し，その内容と利用における留意点を説明します。

　第2章では，事業承継において重要な要素である有形資産承継の支援方法について説明します。企業の経営者であれば，まず，第一に株式や不動産などの有形資産の承継が気になるはずです。本章では，有形資産の承継がスムーズに行われることを示すためのポイントを解説します。特に税制面では，近年優遇制度が整備されていますが，その一方で様々な条件が必要であることを経営者に理解いただく必要があります。財務処理の専門的な知識については，本書の対象外ですが，事業承継時においては押さえておくべき重要となるポイントを説明していきます。

　第3章では，無形資産の承継について紹介します。承継資産の三要素として，有形資産，人材，無形資産が指摘されています。この点，有形資産や人材も重要ですが，事業承継後に企業を成長させるためには，経営理念やノウハウなどの無形資産こそが重要です。支援者としては，この点を経営者に納得いただい

て，事業承継を一つの機会として，経営者とともに無形資産を洗い出し，無形資産こそが今後の企業の成長に不可欠であることを理解いただく必要があります。

　第4章では，後継者の確保と支援策について具体的に説明します。事業承継の準備を始めたいと思っても，すぐに後継者が見つかれば良いですが，近年，後継者を確保することができない企業も少なくありません。漠然と親族に承継できると考えている経営者も多いですが，候補者に特にアクションを起こさなければ全く進展がなく，時間が経過するだけです。また，親族以外を想定するのであれば，時間をかけて後継者候補を探す必要があります。実は近年の日本の事業承継において，他人承継が半数を占めているという調査結果もありますので，親族以外への承継も十分に視野に入れていくことが必要です。本章では，後継者難の現状と後継者確保への助言のポイントなどを紹介します。

　第5章は，M&Aの支援です。従来，日本ではM&Aは敬遠されていましたが，近年の後継者難により，会社の売却が有効な選択肢の一つとなっています。とはいえ，中小企業の経営者にとっては，会社の売却は大きな決断であり，支援者からのアドバイスは非常に大きな意味を持ちます。また，近年では事業を売却した後も経営層に残り，人材不足を解消するなど積極的に関与を続けるケースもみられ，M&A市場にも新たな変化が出てきています。本章では，M&Aの現状と課題，そして，友好的なM&Aについて，支援者のアドバイスのポイントを解説します。

　第6章は，法務面に関する支援です。事業承継においては，株式の取得に関連して税務だけでなく，法律的な問題が生じます。株式の譲渡による企業の承継を円滑に進める上で，民法や会社法の要点を押さえておくことは必要不可欠です。一方で，事業承継を企業の経営体制・組織体制を改革するための契機と捉え，会社分割や事業譲渡等の制度を有効に活用することもできます。本章では，事業承継に関連した法務の支援策を説明します。

　第7章は，最終章として，事業承継後における事業再生と成長に焦点を当てます。事業承継を行う企業は，資産を引き継ぐと同時に従来とは異なる企業経

営の長期プランを作成し，既存の経営戦略・事業戦略と融合させることが重要です。後継者や右腕経営者が決定したとしてもその事業承継には数年単位の期間を要するためです。長期的な視点に立って早めに事業承継を進めていくことも大切であり，事業再生と成長の考え方を取り入れることが重要です。これを具体的な事業承継計画に落とし込むため，本章では具体的な経営戦略を策定する手順も説明します。

　本書は中小企業支援を実践的に行っている大学教員と中小企業診断士の4名で執筆しました。第1章と第5章は内田聡，第2章と第7章は栗原浩一，第6章は山田直樹が執筆を担当しました。この3人はいずれも中小企業診断士として，多くの中小企業から事業承継の相談を受けた経験に基づいて，高い問題意識を持ち，本書の執筆に至っています。第3章と第4章は法政大学大学院イノベーション・マネジメント研究科・教授・玄場公規が担当しました。

　筆者らは，今後も日本の中小企業がその優位性を認識し，果敢に事業を展開し，日本経済に貢献していただくことが必要不可欠だと考えています。本書が，中小企業の事業承継を支援する方々に少しでも参考になれば大変幸いです。

著者代表
玄場公規

目　　次

第3章 知的資産承継の支援　51

第6章　法務の支援　109

第7章　事業の成長と戦略立案　　129

第1章

事業承継における
支援者の重要性

第1節　事業承継の現状と「支援者」の役割

1　重要性が高まる事業承継支援

　事業承継は直接的には経営者の問題です。ただ，事業承継は，現経営者にとっては，自身の引退という後ろ向きの問題です。そのため，事業承継を前向きな問題に転換するという重要な役割を担っていただくことが「支援者」の方に期待されます。また，事業承継を考える経営者にとって，親族や会社の役員，従業員，取引先は，直接の利害関係者です。必ずしも，相談相手として公正な判断や助言をしてくれるとは限らないと警戒する経営者もいます。そのため，第三者となる「支援者」の存在が不可欠なのです。

　改めて，事業承継とは，現在の経営者，つまり「現経営者」から，「後継者」に会社の事業と資産を引き継ぐことです。現経営者が経営してきた会社には，様々な資産があり，それを活用する必要があります。資産には，人（従業員など），モノ（設備など），お金（株式，不動産，運転資金など），知的資産（会社の信用力，技術ノウハウ，顧客情報など）などがあります。後継者は，これらの資産を引き継ぎ，今まで現経営者が育ててきた事業を継続的に維持・成長させていくことになります。ただ，これは決して簡単なことではありません。そのため，支援者は，現経営者がこれらの資産をきちんと後継者に引き継ぎ，その後の企業活動を安定的かつ前向きに継続していけるよう支援することが求められます。

　実は，今後20年間の間に，中小企業の３割程度が事業承継できずに廃業に追い込まれるとされています。日本でも，多くの人材が中小企業に勤務しています。そのため，中小企業の事業承継が行われないと，多くの雇用が失われ，大きな社会問題になる可能性もあります。

　また，東京の大田区の中小企業群に代表されるように，日本のものづくりを支えてきたのは，優れた技術・技能を持った中小企業だと言われています。このような素晴らしい企業でも後継者不足が深刻化しています。これを放置すれ

図表1－1　「年代別に見た中小企業の経営者の年齢の分布」

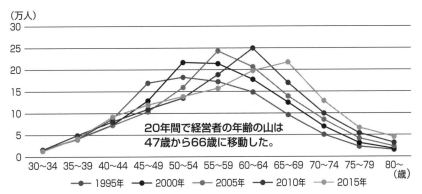

資料：中小企業白書（2018），（株）帝国データバンク「COSMOS2」のデータから作成
(https://www.chusho.meti.go.jp/pamflet/hakusyo/H30/h30/html/b2_6_1_2.html)

ば，日本を支えてきた貴重な技術やノウハウも消失してしまいます。

　図表1－1に示すように，中小企業白書によれば，2015年時点での中小企業の現役経営者の年齢は，66歳がピークになっています。すなわち，すでに一般企業における定年の年齢を上回っていることになります。この背景には，日本の医療技術が向上し，国民の健康意識が高まったことで平均寿命が延びたこともあるでしょう。ただ，同時に後継者が不足していることにより，経営者が高齢になっても第一線で活躍せざるを得ない状況になっているとも言えます。

　図表1－2は，後継者の確保の状況を示しています。60代という，通常の企業であれば定年を迎えているような年代の経営者のうち，半数を超える約53％が後継者を確保できていません。さらに，80歳以上の経営者においても，3割以上の経営者に後継者がいないことになります。まさに，このままでは，後継者が見つからず，廃業に追い込まれる企業も少なくないことを表していると言えます。

　事業承継を支援する立場の金融機関の多くは，経営者が60歳ぐらいになる頃から事業承継を推奨しています。ただ，実際の支援の現場では経営者に「まだ早い」と断られてしまうことも多いようです。第3章においても，詳しく述べますが，事業承継の後継者としては，親族への承継，社内の従業員（役員幹部

図表１－２　経営者の年代別の後継者決定状況

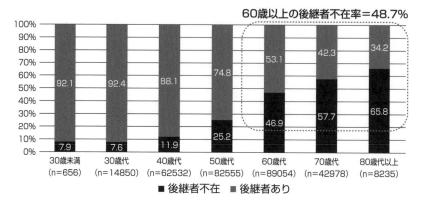

（注）　1　COSMOS２（147万社収録）及び信用調査報告書ファイル（170万社収録）か
　　　　　ら，2015年以降の後継者の実態を分析可能な企業を分析対象にしている。
　　　　2　対象者には大企業も含む。
資料：中小企業白書（2013），（株）帝国データバンク「2017年後継者問題に関する企業
　　　の実態調査」のデータから作成
（https://www.chusho.meti.go.jp/pamflet/hakusyo/H30/PDF/chusho/00Hakusyo_
zentai.pdf）

など）への承継，社外の第三者への承継の３通りがあります。この中では，**図
表１－３**に示すように，自分の息子や娘に会社を継がせる親族承継を考える割
合が多いです。ただし，親族に後継者がいる場合には良いのですが，そうでな
い場合には，現経営者は後継者選びのスタートが遅れがちという状況がよく見
受けられます。

　このような状況になってしまうのは，現経営者の気持ちの問題があります。
例えば，①経営者自身がまだまだ元気，②別の人に経営を渡したくない，③自
分と同じような経営能力を持った適当な人材がいないと感じているなどです。
このような気持から，後継者選びを後回しにする傾向があるようです。確かに，
後継者がいなくても現状の企業運営には特に支障がないとも言えますし，日ご
ろの仕事が忙しいということもあって，後継者問題は後回しにされがちです。

　このような場合，事業承継の支援者としては，まずは，現経営者の気持ちを

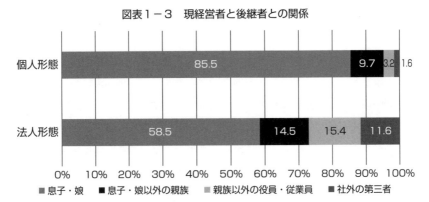

図表1－3　現経営者と後継者との関係

(注)　事業承継次期が0〜9年前の小規模事業者を集計している。
資料：中小企業白書（2013），中小企業庁委託「中小企業の事業承継に関するアンケート調査」のデータから作成
（https://www.chusho.meti.go.jp/pamflet/hakusyo/H25/h25/html/b2_3_1_4.html）

変化させるような働きかけが重要です。後継者がいないことがすぐに経営の支障になることはありません。ただし，いつかは必ず現経営者は引退します。特に60歳代以上の方は体力的な面でも心配です。実は，後継者問題に危機感を感じて，金融機関や専門家等に相談を持ち込むときには，年齢がすでに70歳，場合によっては80歳になる経営者の方がいらっしゃいます。ただ，現経営者が80歳代となると，後継者候補になるような会社の役員の方は70歳代になっていて，またすぐに引継ぎを考えなければならない──そんな笑えない話もよくあることです。

2　事業承継には時間がかかる

事業承継の時期が遅くなると，経営者に事業承継の意思があっても，円滑に引継ぎができないリスクが高まってしまいます。支援者は是非この点を理解しておかなければなりません。筆者の経験からも，事業承継前なのに経営者に認知症が発症したケースもありました。税制面や帳簿上の問題など，経営者本人でないと判断できないことも多く，認知症が進行すれば，事業承継どころか企

業の運営自体に大きな問題が生じます。また，後継者を育てるには５年から10年の時間がかかりますので，その時間を確保することもできなくなります。そう考えると，遅くても60代，できれば50代から事業承継を本格的に考え始めることが望ましいと言えます。体力的な問題のみならず，認知症についても発症の不安が出てくる年齢になってからでは遅いのです。

　事業承継の現場では，すぐに引継ぎを求められる案件も発生します。しかし，筆者の経験からしても，どんなに短くとも半年の事業承継期間は必要だと考えておくべきです。一定の承継期間が必要な理由の一つに，資産の確認と整理の問題があります。中小企業の場合，会社の資産がどこにあるのか確認し，どれほどあるのかが整理されていないことが多いです。たとえ，経営者自身の記憶がはっきりしていても，ある程度の時間が必要になります。製造業における設備や運送業におけるトラックのような運営上重要な資産はわかりやすいですが，細かい資産，銀行や取引先からの借入金などもあるかもしれません。債務も正確に把握していなければ，事業承継に着手することができません。

　創業30年になる文房具店の実例ですが，後継者である息子さんが入社した後に，経理帳簿を確認したところ，借金が膨らんでいたことが判明しました。しかし，この点について，経営者である父親からは，その状況を全く教えられていませんでした。元経営者としては，頭の中にはあるけれども，後継者と共有していなかったわけです。後継者である息子さんは大変困ってしまいましたが，結局，金融機関に相談することになりました。幸い，金融機関からは，会社の事業状況を評価し，事業基盤はしっかりしているので，後継者が新規事業などを立ち上げれば収益は上がっていくという判断が得られました。元経営者の負債部分は切り分けることにし，健全なところを伸ばすようにと金融機関がアドバイスをして，事業を継続することができるようになりました。ただし，この事例は事業承継を行うための十分な時間があったことと，事業基盤が確立していたこと，そして，金融機関の協力が得られたことといういくつかの条件が揃っていたために実現できたとも言えます。

3　事業承継で「支援者」はなぜ必要なのか

　経営者が事業承継を真剣に考えるきっかけは，自分の年齢を考えてということもありますが，自身や知り合いの経営者が大きな病気になるということもよくあります。いつかは事業承継をしなければいけないと思っていたところ，入院や手術をしたなどという話を聞くと改めて気づくことがあるようです。

　また，取引先など知り合いの経営者が事業承継を行ったことから影響を受けるパターンも多いようです。いずれにしても，事業承継を早期にスタートするためには，経営者の「気づき」が重要になります。年間売上高が数十億程度の規模の中堅企業であれば，金融機関や多数の取引先からM&Aを含めた事業承継への働きかけも多いでしょう。一方，そこまでの規模ではない企業の経営者には，そうした情報がもたらされる機会は決して多くありません。自分の会社の客観的な市場評価に触れる機会も少ないので，親族に後継者がいなければ，このまま廃業でもよいかと考えてしまうこともあるようです。

　しかし，このような規模の企業も，日本経済を支える重要な企業です。そのため，近年，行政等の公的機関が積極的に事業承継を支援するようになってきています。特に，事業承継を意識していない中小経営者に対して積極的な働きかけを行っています。ところが，事業承継を前面にアピールしているセミナーには，あまり経営者が集まっていません。そもそも，事業承継を明確に意識していない経営者もいますが，事業承継は経営者自身の引退に係わる問題なので，経営者にとって気分がよいものではないということが大きな理由になっているようです。なお，事業承継がテーマではあっても，優遇処置を受けられる「事業承継税制」を前面に押し出しているセミナーには，それなりに人が集まります。これは，事業承継の具体的なメリットを前面に出しているため，経営者に受け入れられやすいということもありますが，金融機関等の支援者の方の参加が多いようです。

　このような状況を打開するためには，まずは，中小企業の経営者に，明確に事業承継の意義を理解してもらう必要があります。そのために，経営者に「気づき」をもたらしてくれる支援者の存在が重要になります。以下の図は，経営

者に対して事業承継を勧めてくれた相手が誰だったのか，アンケートを行った結果です。これによると，顧問の公認会計士，税理士，取引金融機関，経営コンサルタントといった存在が相談者になっていることがわかります。経営者に対して事業承継を勧め，相談相手になる支援者の存在が極めて重要であると言えます。

図表1－4　事業承継の準備を勧められた相手

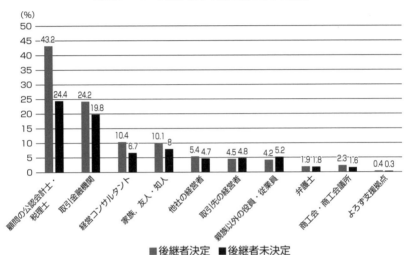

(注)　1　複数回答のため，合計は必ずしも100％にはならない。
　　　2　ここでいう「経営コンサルタント」とは，中小企業診断士，司法書士，行政書士を含む。
　　　3　「その他」，「誰にも勧められたことはない」の項目は表示していない。
資料：中小企業白書（2017），中小企業庁委託「企業経営の継続に関するアンケート調査」のデータから作成
（https://www.chusho.meti.go.jp/pamflet/hakusyo/H29/PDF/chusho/04Hakusyo_part2_chap2_web.pdf）

事業継承の「支援者」には，主に2つの役割があると考えられます。
①　事業承継のために必要な情報を提供し，事業承継の必要性を経営者に気づいてもらう。
②　税務や会計など，事業承継のための専門的な知見を提供する。

　専門家である税理士や弁護士の方々は，すでに②について主たる役割を担っていると考えられます。また，事業引継ぎ支援センターやM&A支援部門を持つ金融機関も専門的な知見を提供しています。ただし①の役割も重要です。この役割を担う支援者としては，例えば全国の商工会議所や中小企業診断士，中小企業支援センターなども加わります。日常から中小企業の経営者に接していることから，事業承継について特に経営面でのアドバイスが期待されます。また，取引先の金融機関の方々も，①の役割を担うことが望ましいです。

　事業承継時に経営者が感じる課題は，以下の図に示したように，数多くあります。経営者は各課題に応じて支援者に相談することになりますが，①の支援者が重要な役割を期待される課題も多いことがわかります。

図表1-5　事業承継時の課題

・経営理念	・会社の歴史	・創業の経緯
・社長の右腕	・親族の処遇	・お金の使い方
・未解決リスト	・人脈	・お金の流れ
・顧客との接し方	・物の仕入れ方	・株主構成
・困ったとき誰を頼ればよいか		・経営判断に困ったときどうしてきたか
・業績の推移	・資金繰り表	・不動産
・有価証券	・知的所有権	・機械設備
・従業員	・在庫	・備品，事務用品
・金融機関/借入れ状況	・証券担保負債	・リース等の物品借入れ
・株式		

　当たり前ですが，経営者は事業承継について十分な知識を持っている訳ではありません。そこで，①の支援者が経営者の相談相手となり，経営者と同じ目線で経営者の意向を理解し，事業承継を成功できるようにアドバイスしていく必要があります。また，場合によっては，①の支援者が，②の支援のために経営者と専門家をつなぐことも求められます。

第2節　事業承継支援の全体フロー

1　事業承継の進め方

　前節で述べてきたとおり，経営者と一体となって，支援者が事業承継を遂行することが期待されます。大きく分けると，具体的には，事業承継マニュアル（中小企業庁）が示しているように以下の3つのステップで事業承継を進めていきます。

① ヒアリング等による会社の現状の把握
② 後継者の確定，事業承継方法の確定
③ 事業承継計画表の作成

　これがオーソドックスな事業承継の方法論と言えます。もちろん，実際に事業承継を進めるには，その他の多くの作業も必要になります。ただ，事業承継前の経営者には，事業承継の全体像を示して，安心感を与えることも重要です。以下では，これらのステップを現経営者に説明あるいは実行する上での留意点を説明しましょう。

図表1-6　事業承継の進め方

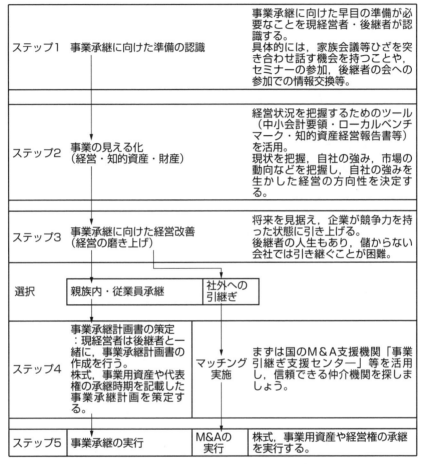

ステップ1	事業承継に向けた準備の認識	事業承継に向けた早目の準備が必要なことを現経営者・後継者が認識する。 具体的には，家族会議等ひざを突き合わせ話す機会を持つことや，セミナーの参加，後継者の会への参加での情報交換等。
ステップ2	事業の見える化 (経営・知的資産・財産)	経営状況を把握するためのツール(中小会計要領・ローカルベンチマーク・知的資産経営報告書等)を活用。 現状を把握，自社の強み，市場の動向などを把握し，自社の強みを生かした経営の方向性を決定する。
ステップ3	事業承継に向けた経営改善 (経営の磨き上げ)	将来を見据え，企業が競争力を持った状態に引き上げる。 後継者の人生もあり，儲からない会社では引き継ぐことが困難。
選択	親族内・従業員承継 ／ 社外への引継ぎ	
ステップ4	事業承継計画書の策定 ：現経営者は後継者と一緒に，事業承継計画書の作成を行う。 株式，事業用資産や代表権の承継時期を記載した事業承継計画を策定する。 ／ マッチング実施	まずは国のM&A支援機関「事業引継ぎ支援センター」等を活用し，信頼できる仲介機関を探しましょう。
ステップ5	事業承継の実行 ／ M&Aの実行	株式，事業用資産や経営権の承継を実行する。

資料：中小企業庁「経営者のための事業承継マニュアル」に筆者加筆
（https://www.chusho.meti.go.jp/zaimu/shoukei/2017/170410shoukei.pdf）

2　事業承継の3つの形態

　事業承継を進める前に，支援者として知っておかなければならないのは，誰が後継者になるかによって，事業承継のあり方が大きく変わってくるということです。事業承継の形態は，後継者によって，3種類に分かれます。

A　親族内承継（経営者の親族が承継）

B　親族外承継（会社の役員・従業員が承継）

C　親族外承継（社外の人材が承継，M&Aなどの会社売却）

　どれが一番良いということはなく，A～Cそれぞれにおいて，メリットとデメリットがあることを押さえておくことが重要です。ただ，中小企業において，最も多い形態は，Aの親族内承継です。親族内に該当者がいなければ，次にBの会社の従業員を後継者に考えることが多いでしょう。さらに該当者がいなければ，Cの社外又はM&Aとなりますが，従来は，ほとんど考えられてきませんでした。ただ，近年の後継者不足により，Cの形態も急速に増えてきています。この点は第5章で詳しく説明します。

　第一の選択肢として親族を後継者にするのは，社員が一番納得しやすく，摩擦が少なく済むことがその理由と考えられます。ただ，親族といっても，それまでの会社の経営状態や仕事の内容を詳しく知らないこともあります。そのため，親族を後継者と決めた時点で，その後継者には，できるだけ早く会社に入ってもらい，会社の状況を詳しく理解してもらう必要があります。これが一般的に事業承継には5～10年の時間を要する理由でもあります。

図表1－7　後継者の形態

（1）親族内承継

メリット	デメリット
①　一般的に，内外の関係者から心情的に受け入れられやすい。 ②　後継者を早期に決定し，後継者教育等のための長期の準備期間を確保することも可能。 ③　相続等により財産や株式を後継者に移転できるため，所有と経営の分離を回避できる可能性が高い。	①　親族内に，経営の資質と意欲を併せ持つ後継者候補がいるとは限らない。 ②　相続人が複数いる場合，後継者の決定・経営権の集中が難しい。 ③　後継者以外の相続人への配慮が必要

（2）従業員等への承継

メリット	デメリット
① 親族内だけでなく，会社の内外から広く候補者を求めることができる。 ② 特に社内で長期間勤務している従業員に承継する場合は，経営の一体性を保ちやすい。	① 親族内承継の場合以上に，後継者候補が経営への強い意志を有していることが重要となるが，適任者がいないおそれがある。 ② 後継者候補に株式取得等の資金力が無い場合が多い。 ③ 個人債務保証の引き継ぎ等に問題が多い。

（3）M&A

メリット	デメリット
① 身近な後継者に適任な者がいない場合でも，広く候補者を外部に求めることができる。 ② 現経営者が会社売却の利益を獲得できる。	① 希望の条件（従業員の雇用，価格等）を満たす買い手を見つけるのが困難である。 ② 経営の一体性を保つのが困難である。 ③ 一般的に仲介手数料が高くなりがちである

資料：中小企業庁「事業承継ガイドライン　20問20答」
　　　（https://www.chusho.meti.go.jp/zaimu/shoukei/shoukei20/q05.htm）

　当たり前のことですが，後継者と社員との人間関係は重要です。社員にとって，親族が後継者になることは，比較的容易に「理解」はできるとは思います。しかし，いきなり経営者の親族がやってきて「明日から社長です」と言われても，その指示を素直に聞く気にはなれないでしょう。可能であれは，後継者が会社に入ってから経営者になるまでの準備期間を設けることが必要です。

　支援者としては，後継者が親族に決まっていたとしても，このような慎重な対応を経営者にアドバイスする必要があります。その一方で，親族に後継者の候補がいない場合には，親族外への承継も念頭に入れて，経営者に事業承継を促す必要があります。実は，従業員を含めて，親族外への事業承継を全く考慮に入れずに，いきなり廃業を考えているような経営者もいるからです。

3　事業承継支援でヒアリングすべきこと

　実際に事業承継を行う公的支援機関などに相談に来る経営者には，様々な先入観で偏った判断をしてしまっているケースも少なくありません。例えば，後継者がいないと経営者が困っている場合に，「長男は多分事業を継がないだろう」と思い込んでいることがあります。ただ，よく話を聞くと，実際には長男と一度も話し合ったことがないということもあります。実は，長男には後継者としてやる気があるのに，経営者が話を切り出していないだけのケースもあるのです。

　そのため，支援者は経営者の話を詳しく聞くとともに，まずは本当に親族内で事業承継ができないのかを確認するところから始める必要があります。もし，どうしても親族内に後継者がいないのであれば，親族外の役員や従業員の中に適した人がいないのかを検討します。ただ，このときには，できれば経営者以外の関係者からも話を聞きながら，検討を進めていくのが望ましいです。こうした「ヒアリングによる現状把握」が，事業承継を支援することの第一歩になります。

　ヒアリングの項目としては，以下のようなものが挙げられます。

①　親族に適当な後継者候補がいるか。その親族との現経営者との関係は良好か

②　後継者の意向は確認しているか

③　会社の財務状況，資産，キャッシュフローは健全か

④　取引先の状況や関係性は良好か

⑤　株主の構成を明確に把握しているか

⑥　経営者の個人資産の状況と会社の資産との関係はどうなっているか

⑦　数字に表せない会社の良さ（知的資産）には何があるか

⑧　今後の会社の事業の見通し

⑨　今後の業界動向の見通し

　これらのヒアリングの際，支援者が心がけるべきことがあります。それは，

「後継者から見て事業承継したいと思えるような会社にする」という前提で話を聞くということです。

　従来，事業承継と言えば，有形資産の承継，特に税制面での問題をクリアするなど会計上の処理に重点が置かれてきました。しかし，近年は，後継者の確保が難しく，他人承継も視野に入れるようになっているため，会社の事業価値そのものを見える化し，承継後に価値を高める視点が重要になりつつあります。第三者であっても承継したいような会社であることを見せることができれば，親族の事業承継もスムーズに進めることができます。

　そのため，支援者としては，事業承継の際，その会社の事業自体が今後どうなるのか，事業の見通しまで含めて把握する必要があります。必ずしも会社の長所ばかりではなく，短所も明確化します。会社の課題を洗い出し，後継者にとっても理解できるように整理する必要があります。これが一般に言われている会社の「見える化」です。

　会社の「見える化」を進めるにあたり，有効なツールとして「ローカルベンチマーク」があります。具体的なフォーマットは，経産省のWEBサイトからエクセルファイルをダウンロードして使用することができます。ローカルベンチマークでは，財務状況を評価する指標を6つ（売上持続性，収益性，生産性，健全性，効率性，安全性）設定しており，また無形の事業性評価としても，4つ（経営者への着眼，関係者への着眼，事業への着眼，内部管理体制への着眼）の指標を設定しています。企業を総合的に評価するためのツールとして，金融機関でも広く利用されており，事業承継の支援者としても是非活用したいところです。

　実際，何十年と事業を続けている会社には，何かしらの強みがあります。この会社は，なぜこれまで取引先やお客様に評価されてきたのか，ローカルベンチマークの視点から明確にしていきます。決算書に載っている数字だけでは，会社の良さや特徴がわからない部分があり，無形資産も含めて「見える化」することが重要です。

　例えば，会社の企業理念一つとってみても，経営者ならではの考え方や歴史

が表現されていることがあります。なぜ今の会社が設立され，持続してきたのか，理念から確認してみると，役員や従業員でも，それまで知らなかった事実や強みが明らかになることもあります。

　取引先との関係も重要な無形資産です。営業担当の方などは頭に入っていますが，それ以外の従業員が知らないことも多く，先方の担当者や経営者との関係などもきちんと整理しておく必要があります。あまり良い話ではありませんが，取引先も実は経営者の高齢化が進んでいるということなども把握しておかなければなりません。例えば，ある会社では社長が亡くなり，奥さんが経営を引き継いだのですが，その間に取引先の会社も後継者に事業承継されていました。残念ながら経営者となった奥さんと取引先の後継者には全く面識がなく，関係性の構築に苦労されたそうです。

　もちろん，帳簿や資産を明確にすることも必要です。ただ，顧問となっている税理士さんや取引先の金融機関がしっかりしていれば，帳簿や資産など数字の部分については概ね把握されています。それに比べると，知的資産など数字で表わすことができない部分については把握している人がいないことがありますので，支援者のサポートが必要です。もちろん，無形資産の評価はわかりにくい部分があるため，時間をかけて分析することになります。ただ，この知的資産こそが事業承継後の会社の成長につながっていきます。

4　後継者選定作業の留意点

　事業承継の一連のプロセスの中で，最初のポイントは，後継者の選定です。前述のように後継者の第一候補は，経営者の親族になることが多いです。具体的には，経営者の実子である長男や次男，あるいは娘が後継者となることが想定されます。ただし，この点は第3章でも詳しく述べますが，事業承継においては，仕事の関係に加えて親子関係という微妙な関係を両立させなければなりません。この微妙な関係性から，経営者はその気持ちを家族に伝えていないということが珍しくありません。

　一方で，後継者となる子供も悩んでいることが多いです。例えば，経営者が

すでに70歳を超え，後継者候補の息子が40歳代ということはよくあるケースです。この場合，息子が社外にいる場合にはすでにある程度の実績を積んでいて，責任ある立場にあることも少なくありません。息子の立場からすれば，年齢的にも家庭を持ち，今までの実績と地位を捨ててまで，後継者になることを躊躇するのは当然かもしれません。また，いざ会社を継ぐとなった場合に，奥さんからの反対にあうこともよくあることだと考えておかなければなりません。

　息子にその家族も含めて後継者になることを納得させたとしても，一安心ではありません。実際に，セミナーや相談会などでは，息子が後継者候補になっている場合でも，現経営者から後継者へ「明日から任せるぞ」といった一言で事業承継を終わらせたつもりになっていることがあります。また，経営の引継ぎ時期が明確になっていないため，いつ自分が事業承継を行うのかわからないと不安になっていることもあります。支援者は，直接的には現経営者の相談相手である場合が多いですが，後継者の立場なども常に勘案して事業承継を進めることが望ましいです。しかし，支援者としても，後継者に関する情報が乏しいことが少なくありません。上記のように現経営者と後継者候補との関係が微妙であることも多く，現経営者から情報を得ることが難しいことがあります。

　これを打開するため，支援者は経営者に「家族会議」の開催をアドバイスすることが一案です。経営者と後継者候補になる親族が家族会議を持って，率直な気持ちを話し合ってもらいます。これにより，会社の状況を共有し，互いの気持ちを確認することが第一歩です。

　仮に親族に事業承継の意思がなくとも，家族会議によって後継者候補が親族にいないことは確認できます。例えば，事業承継の後継者は，経営者の息子だけには限りません。経営者の娘の場合もありますし，娘婿の場合も珍しくありません。実際には「孫」が後継者になるケースもあります。

　なお，家族会議の際によくあるパターンとして，父と子で話をするものの，結局口論になってしまい引継ぎが進まないことがあります。そういった場合も想定して，家族会議に第三者も参加して，お互い冷静になれるような環境を作っていくことも大切です。金融機関の担当者，税理士，経営相談のできる公

的機関から紹介された専門家などに家族会議に参加してもらうことも一案です。

　ある会社の例ですが，経営者が「自分の息子は継がないだろう」と思い込み，廃業を選択してしまいました。ところが，従業員を解雇して，会社をたたむというときになって，経営者の息子が出てきて自分が継ぎたいと宣言したのです。小さい頃から父親の姿を見てきた息子からすれば，実際に会社がなくなるのを目の当たりにすると，それならば自分がやってみようかと決心したと言うのです。

　経営者に家族会議を推奨しても，難色を示すこともあります。そのときは，支援者から，「社長が話しづらければ私が同席しましょう」と提案すると話が進むことがあります。経営者と後継者だけだと話がしづらいということがありますが，経営者の奥様を介して話ができる例もあります。この点では，経営者の奥様自身も会社にとって重要な知的資産であるという視点もあります。

　いずれにしても，近年では，現経営者が後継者の候補を見出し，明確に承継の意思を確認しているケースの方が少ないと言えます。筆者の経験からすれば，後継者を確保して，後継者の意思確認が終わっていれば，事業承継の半分は成功したと言っても過言ではないかもしれません。後継者が事業承継すれば，会社はとりあえず残るとも言えるからです。もちろん，本当に重要なことは事業承継後の成長になりますが，まずは会社の継続を第一に考えなければなりません。

　なお，当たり前ですが，後継者の候補がいれば，事業承継をした方がよいです。債務が多いなど，事業継続が困難であれば仕方ありませんが，基本的には承継して会社を存続させた方が関係先にも従業員にもメリットがあります。会社というのは，社会的な公器であるという発想が支援者にも必要です。

　あるリサイクル事業者の例ですが，近隣住民に楽器の寄贈を呼びかけ，修理して障害者施設にプレゼントしています。まさに行政からも評価される社会貢献を行っている会社です。従業員も，仕事に対する満足度や達成感が非常に高いそうです。こうした会社はまさに社会の公器として，事業承継の意義が大きいといえるでしょう。

5　最適なスケジュールと事業承継計画

　後継者が確定した段階で，支援者は経営者及び後継者にヒアリングした情報をもとに，事業承継の大まかなスケジュールを立案します。具体的には，「事業承継計画表」を作成します。「事業承継計画表」は，中長期の事業計画に承継計画の大まかなスケジュールを入れたものになります。**図表１－８**に一例を示します。

　事業承継計画書を作成する上で，大局的には２つの視点が必要です。

　１つ目の視点は，後継者に対し，何年後にどのように経営権を譲るのかという「人材の承継」に関する計画を明示することです。最終ゴールは後継者に事業承継を行うことですが，それに至るまで以下のような道筋を決めることが必要です。

　①　最終的に後継者に事業承継するのはいつか

　②　社内の従業員に後継者を公表するのはいつか

　③　後継者を最初にどのポストで入社させるのか，何年の経験を積ませるのか，どのように教育を行っていくのか

　④　後継者を取引先に今後の経営者だと紹介するのはいつか

　⑤　後継者を役員にするのはいつか，どの担当にするのか

　⑥　事業承継した場合，現経営者は経営から退くのか，会長職などで会社に残るのか

　単に①のゴールを設定するのではなく，②〜⑥も含めたスケジュールを確定していくことが求められます。一般的に事業承継においては，後継者への引継ぎに５〜10年かかるといわれています。計画表には，中長期的な年月を記載する必要があります。

　事業承継の期間が半年しかないような場合は，いきなり，候補者を後継者として公表するほかありません。ただ，その場合でも，教育期間は承継後も続くことになり，それを事業承継計画書に織り込むことが必要です。後継者候補が決まっておらず，特に準備もしていない中小企業の場合だと，承継に半年や１

事業年度		2020年	2021年	2022年	2023年
事業承継の基本方針				後継者：	
				事業承継の時期：	
				事業承継の方法：	
売上目標		300,000,000	309,000,000	318,270,000	328,000,000
利益目標		6,000,000	6,489,000	7,001,940	7,544,000
会社	株式の所有者と持ち株数等	財務DD	株式移行		
	承継に伴う人事体制		右腕社員の抜擢新体制の準備		
	その他	法務DD	定款の変更		
現経営者・氏名	年齢	69歳	70歳	71歳	72歳
	役職	社長	社長	社長	社長
	持ち株・財産・負債の状況	親族からの株式取得	生前贈与の活用	生前贈与の活用	生前贈与の活用
	知的財産の承継				ノウハウの
	その他	事業承継計画書作成	遺留分への配所		公正証書の作成
後継者・氏名	年齢	39歳	40歳	41歳	42歳
	役職	取締役	専務	専務	社長
	持ち株・財産・負債の状況		株式10%取得	株式20%取得	株式30%取得
	その他	営業責任者後継者塾参加事業承継計画書作成	営業責任者兼務経理部経営革新計画作成	営業責任者兼務経理部取引先ネットワーク作り	営業責任者兼務管理部
右腕経営者・氏名	投入次期等の関与方法	人材の選抜			
	役職	部長職			
	関与方法		経営革新計画作成サポート		後継者の新規
	その他		人事研修参加		次期部長職
親族	承継への協力		株式の移行準備		
	相続との調整	家族会議			
従業員	信頼関係の構築		情報の開示		
	従業員教育	幹部社員教育・評価制度構築	幹部社員教育・評価制度告知	幹部社員教育・評価制度実施	
	新体制への協力体制		新体制の準備	従業員研修	社員登用制度の活用により人材確保
取引先	信頼関係の構築		金融機関との連携	情報の開示・取引先周り	

具体例

2024年	2025年	2026年	2027年	2028年	2029年
後継者氏名○○　○○					
2024年					
親族内承継					
338,000,000	348,000,000	358,000,000	378,000,000	390,000,000	400,000,000
8,112,000	8,700,000	9,308,000	10,206,000	10,920,000	11,600,000
73歳	74歳	75歳	76歳	77歳	78歳
会長	会長	会長	相談役	相談役	引退
退職金					
承継					
43歳	44歳	45歳	46歳	47歳	48歳
社長	社長	社長	社長	社長	社長
株式100%取得					
				執行役員	
事業サポート					
の育成					

年しかかけられないケースも珍しくありません。ただし，そのような場合でも社内外の関係者に混乱や心配を招かないように承継計画を立案することが求められます。

　2番目の視点は，株式や資産の承継に関する問題です。以下のような項目について，現経営者と後継者が率直に話し合い，可能な範囲で事業承継計画に盛り込むことが求められます。

① 　会社の資産（株，不動産，預貯金など）の状況

② 　会社の株主構成の割合

③ 　現経営者の個人資産と会社の資産との関係

④ 　相続税に関する課題と対策

⑤ 　経営者の妻や兄弟など親族への財産的な配慮

　例えば，実際に株主構成を整理してみると，元役員など親族外の方が多くの株式を保有していることが判明したりします。中小企業の場合には，株があまり分散していると事業承継及び承継後の経営において弊害になることもあるため，分散している株は会社が買い取り，金庫株としておくことも一案です。また，後継者以外の親族に対する財産的な配慮も極めて重要です。例えば，その他の親族に対する遺留分対策として，「経営承継円滑化法」の活用を検討することもできるので，専門家の意見を踏まえたアドバイスも有効です。

　事業承継の現場では，金融機関が事業承継計画書作成を支援することも多いようです。支援者の仕事としては，事業承継計画書の作成支援が，後継者選定の支援と並んで腕の見せ所といってもよいかもしれません。そのため，当然ながら，支援者は経営に関する知識を豊富に持っていることが望ましいです。

　一つの目安ですが，企業の実質的な資産価値（事業価値）は，「営業利益の3年分＋純資産額」と言われています。事業承継においては，株価の税制上の算定など有形資産の評価を行いますが，具体的な金額の算定は税理士などの専門家の関与が必要になります。必ずしも支援者が算定を行う必要はありませんが，企業の事業価値の向上を意識して，事業承継の支援を行うことが求められます。

具体的には，会社の事業内容や無形資産も精査して，儲かる会社にするという視点が望ましいです。そのための事業承継計画書づくりとも言えます。もちろん，経営方針・経営戦略の策定ですから，特に数字を細かく書き込む必要はありません。場合によっては，簡単にＡ４用紙２〜３枚程度の書類を作成しておくだけでも十分かもしれません。それを現経営者と後継者で共有しておくことが重要です。

　また，こうした事業承継計画書を作っておくことにより，やらなければならない業務に漏れがなくなり，進捗具合をチェックすることができます。計画書がないままに事業承継を開始すると，困るのは現経営者だけではありません。後継者にとっても会社のことを十分に把握できないまま事業を承継することになってしまいます。後継者がよくわからないまま事業を引き継いで，大変苦労したという話は枚挙に暇がありません。

　取引先の引継ぎも大変重要です。取引先との信頼関係が重要なことは言うまでもありませんが，関係性が切れて売上げが落ちてしまっては，大きな損失になります。

　後継者にとっては，ただ単に順調に事業承継が進むだけでも大きな自信につながります。それが，後継者がその後の事業の成長させていく原動力にもなります。

6　事業承継後，後継者に対するフォロー

　後継者が正式に決まり，事業承継計画書を作成すれば，あとは，それを経営者と後継者が実行する段階に入ります。ここでも，支援者には，経営者に専門家を紹介するなど，フォローが期待されます。また，後継者に対しても，支援が必要な場合が多いです。

　後継者には，できるだけ早めに入社してもらい，会社の業務を把握してもらうなどの準備期間を設けることの必要性は繰返し述べました。通常であれば最低でも２〜３年は実績を積む期間として必要です。この期間に，支援者は，後継者が順調に仕事に取り組めているか，常に留意することが求められます。

この期間中に，可能であれば，「後継者が入社以降に何か目に見える成果を残す」ことを目指します。例えば，海外事業展開や，取引先開拓といった成果です。新規事業の展開などは難しいですが，成功すれば非常に大きな成果になります。ただ，後継者１人では，ほぼ無理ですので，現経営者と支援者あるいは後継者の右腕がサポートする必要があります。

　後継者が実績を残すことには，事業承継において大きなメリットがあります。例えば，現経営者は，いきなり後継者に継がせると公表する必要がなくなります。例えば，「実力ある人に継がせる」と社内で宣言するのも一案です。そして，実際に後継者が実績を上げたのを見極めてから，事業を継がせます。それであれば，社内の役員や従業員も後継者として納得しやすく，スムーズに事業承継ができる可能性が高まります。

　また，ある程度の実績があれば，自ずと後継者の周りに中堅・若手社員がついてくることも期待できます。そして後継者が新しい経営者になるときに，この中堅や若手社員の中から，後継者の右腕となる経営者が出てくるかもしれません。

　なお，事業承継の準備期間中に，後継者が「しばらくは現経営者のやり方を継続する」ことを示すことも有効です。事業承継によくある失敗として，後継者が「現経営者のやり方を大きく変えたい」と思ってしまうことです。後継者が社内に慣れてくると，今までのやり方を少し古臭く思うところもあるのでしょう。しかし，そのやり方を大きく変えようとすると，社内外の反発を招き，円滑な事業承継の障害になる可能性があります。

　特に後継者が息子の場合，「父親から言われるとなんでも反発したくなる」という気性の人もいます（それが自然な親子関係なのかもしれません）。筆者の知る後継者も「会社の上司から注意されたら，黙って従ったり，反論があっても，一度その指摘を理解した上で冷静な議論ができたりもするのだが，父親から言われるととりあえず反発してしまう」と率直な話をされていました。

　現経営者からすれば，その注意は経験に基づいた，ある意味では正論です。そのため後継者の反発は理不尽だと感じてしまいます。極端な話として，まだ

仕事もろくにやっていないのに屁理屈言うな，という感情論にさえなります。これが単なる親子喧嘩なら良いですが，社内の役員や従業員からすれば，余計なトラブルであり，本来は不要なものです。支援者には，事業承継中は，事業承継が円滑に進むように第三者の視点で経営者及び後継者にアドバイスすることが求められます。

　なお，前述のように新規事業は大きな成果になります。実際に後継者から「事業を引き継ぐのだが新しい事業を始めたい」といった相談を受けることもあります。その場合に筆者が例に出すのが運動会の大玉転がしという種目です。スタートの際に，最初に玉を押して転がし始めるには大きな力が必要です。また，転がってきた大玉の方向を変えるのは1人ではとても無理です。そのような状況の中でもう一つの大玉（新規事業）を転がし始めるのは無謀と言えるかもしれません。つまり，全く新しい事業や今までと違った方法で事業をいきなり展開するのは難しく，従来の事業に関連する新規事業であるとか，強みとなる資産を活用する事業を展開するとか，新規事業を行うにしても，既存の役員や従業員の理解と力を借りられる事業が望ましいでしょう。また，特に従来の事業における運営方針や日常業務のやり方には，一定の方向性を維持する「慣性」が働いています。その方向を大きく変えるのは，流れてくる大玉を1人で跳ね返すようなものです。

　逆に，支援者が後継者に伝えるべきことは，長い期間，会社が存続してきたということ自体に強みがあるということです。すなわち，新規事業，新製品・新サービスを展開するとしても，その強みを活用するように提案します。それなりの成果を出して，事業承継に一区切りついた段階で，後継者が新しい方向性や仕事のやり方などを考えていくことが重要と考えられます。

　その一方で，経営者がこれまで自らが行ってきた経験を後継者に押し付けるのもよくありません。後継者が会社に入って実際に仕事に慣れるまでの間は，経営者は，あまり口を出さずに見守る姿勢が大切です。特に，現経営者が一から会社を起業したような創業経営者の場合，自身が数多くの困難を克服して会社を軌道に載せてきた経験があります。そのため，後継者もどんな困難をも克

服できて当然だろうと思い込んでしまうことがあります。ところが後継者の立場からすれば，仕事を覚えるだけでも大変なのに，経営者から急に「無理難題」を言われても反発するだけです。

　今まであまり指摘されてきませんでしたが，後継者は大きな不安を抱えているのが一般的です。後継者として会社に入ったとしても，それまで経営者としての経験がある人はほとんどいないでしょう。例えば，営業職の経験者が技術開発や経理のことはよくわからないのは当然です。そのため，会社全般のことを学び，経営者としての準備をしろといきなり言われても不安になります。繰返しになりますが，それゆえに事業承継には十分な準備期間を確保し，後継者に会社のことをよく理解してもらう必要があるのです。

7　会社の「磨き上げ」で価値を高める

　支援者が事業承継において支援すべきもう一つの仕事は，会社の「磨き上げ」を支援することです。可能であれば，後継者がより良い状態で会社を引き継ぐことができるように，ヒアリングで洗い出した会社の課題をできるだけ解決するための支援をしていくことが期待されます。

　前述のように，「ローカルベンチマーク」などを用いて「見える化」したことで抽出された自社の強みを伸ばし，弱みを抑えるのが「磨き上げ」です。例えば，業績が悪化している部門を強化すべきか，あるいは縮小した方が良いかなども事業承継を機に助言することも一案です。例えば，会社の強みを伸ばすように組織体制を強化するといった助言もあり得ます。あるいは，改めて経営理念の浸透を図るよう促すことも，組織基盤の強化という磨き上げにつながる助言といえるでしょう。

　ある小規模の建設会社のケースでは，従業員の評価は，ほとんど経営者の独断で行われていました。目標設定も特にありませんでした。そこで，筆者は，この会社の事業承継計画表の作成を支援する際に，人事評価基準を作って導入することをアドバイスしました。具体的には，会社の中でモデルとなる優秀な従業員を選び，その従業員を基準にして人事評価基準を作りました。目標設定

と人事評価基準はすぐに成果に直結することはありませんが，従業員のモチベーション向上に大きく寄与することから，今後の展開が期待できます。これも磨き上げの一つです。この会社を率いていたワンマン経営者にとっては，耳の痛い話だったようです。ただし，事業承継後の会社の発展のためには人事評価基準は必要不可欠と判断されました。また，実は，人事評価基準を作るにあたっては国から助成金も出ます。支援者としては，そのような情報も経営者に伝えることが重要です。

　人材が育つような会社でないと，その会社は将来的に伸びてはいきません。従業員が結婚して子供を持って，長年働きたいと思うような会社でなければ，成長は期待できません。会社の磨き上げによって，これまでの収益基盤が強化されることが期待できます。そのような状況で事業承継ができれば，後継者は新規事業の展開などを積極的に行えるようになります。

8　M&Aによる事業承継

　親族，あるいは役員や従業員に事業承継できなかった場合，次の選択肢としては，社外の人材を経営者として招聘するか，あるいは会社を売却するという方法があります。会社の売却は，いわゆるM&Aです。従来は，「とんでもない」と考える経営者が多かったのですが，近年は，切実な後継者難とM&Aを支援する企業も数多くあり，M&Aも視野に入れる経営者が増えています。詳細は第5章で述べますが，銀行など金融機関もM&Aを扱う事業部を設けていますし，インターネットでもM&Aの売り手と買い手を結び付けるマッチングサイトなど支援する企業は確実に増えています。各都道府県の事業引継ぎ支援センターにも，M&A事業者が多数登録されていて，連携がなされています。

　支援者の役割としては，M&A関連情報が溢れている状況の中で，どのM&A支援企業を利用するのがよいのか，的確なアドバイスと適正な情報を経営者に与えることが期待されます。そして，第三者として，M&Aの目的の優先順位を明確にするよう助言することも重要です。例えば，従業員の雇用を守るのが第一義なのか，あるいは事業を継続するのが第一義なのかなど，深刻な

問題かもしれませんが，経営者による優先順位の決定をサポートすることが求められます。

第3節　まとめ―支援者にとって必要な心構えとは

　近年の後継者不足から，事業承継は日本の中小企業にとって大きな課題です。そして，これを支援する支援者の役割も重要になってきています。

　多数の企業を支援する支援者としては，事業承継を支援していく上で，何が最適なのか，あるいは何が答えなのか悩むときがあると思います。例えば，後継者確保についても，長男がいいのか，従業員の方がいいのかなど，もちろん優先順位はありますが，最終的に絶対と言える最適解はありません。結局は，会社によってケースバイケースです。

　しかし，支援者として重要な姿勢は，第三者としての客観性であり，また，「会社は公器である」ということを常に意識することだと筆者は思います。中小企業経営者には，「会社は自分のものだ」と思ってしまっている方も少なくありません。確かに経営者が主たる株主であれば，法的には，中小企業の経営者がオーナーです。そのオーナーが経営を続けている間は，経営者がトップダウンで重要事項を決定するというのも一つのスタイルです。ただ，事業承継とは，そのオーナーが交代することであり，「会社が自分のものだ」という考えを振りかざし，後継者を指名して事業承継を強制しようとしても，話は進みません。親族が他に選択肢もなく，会社の経営を継ぐことが当たり前の時代であれば，この考え方が通用したかもしれませんが，今は個人が自由に職業を選択することが当然の時代です。そのため，近年では，後継者にとって魅力的な会社であることが事業承継の前提条件になっています。このような客観的な社会情勢とオーナー経営者の認識とのギャップは，まだまだ残っているため，事業承継が進まないのかもしれません。

　そもそも，事業承継は現経営者に対して，引退を促す行為であり，経営者は，できるだけ先延ばしにしたいと考えるのが自然です。この点，支援者は，経営

者個人に気を遣うだけではなく，企業全体，さらにはもっと視野を広げて，社会に対して，この企業がなぜ必要なのであるという視点で事業承継の必要性を語らなければなりません。逆にそういう心積もりがないと，経営者を説得することはできないでしょう。事業承継によって，現経営者としてのキャリアは終わりになるかもしれませんが，会社は終わる訳にはいきません。事業承継は会社の未来を決める話であり，会社の未来にプラスになるためにどうしていくかという前向きの話なのです。

　あるバス運送会社のケースですが，経営者には親族がいるものの，オリンピックが需要のピークと見込まれ，ちょうど事業の免許も切れるので現経営者はオリンピック後に廃業しようと考えていました。ただ，事業的には赤字黒字を繰り返すような状況でしたが，創業30年の歴史があり，地域の中では存在感がありました。この場合，支援者としては，どのようなアドバイスをすべきでしょうか。実は，このような会社でも，現経営者の予想に反して，事業承継後に十分収益を伸ばしていける可能性があります。経営者が「現状で限界」と思いながら経営していると廃業という決断になりがちです。ただ，事業承継のために，その会社の経営の「見える化」を行った上で，後継者の熱意があれば，事業承継後の新しい展開が見えることがあります。長年苦労してきた経営者は「こんな厳しいビジネス環境では，後継者も企業を成長させることはできないだろう」と決め付けてしまうことがあるかもしれませんが，支援者としては，客観的なアドバイスが求められます。

　逆に，支援者は経営者に対して，厳しいアドバイスをしなければならないこともあるでしょう。ただし，その厳しい進言は「これは会社のため」だけでなく，「社会のため」だと思う心積もりも必要です。繰返しになりますが，支援者は，会社が社会の公器ということを忘れてはならないと思います。

第2章

有形資産承継の支援

第1節　有形資産の承継

1　資産の見える化

　事業承継において，有形資産の現状を把握することは大変重要です。どれくらいの価値の資産を承継するのか，どれくらいの規模のビジネスを承継するのかを把握すること，すなわち「見える化」することで，承継資産をより具体的に捉えることができるためです。

　「見える化」する際に最もわかりやすい指標は，数字です。有形資産は，数字で表しやすい資産の代表例です。有形資産を含む経営状態を数字で把握する際，財務諸表を読むことが最も有効な方法です。数字は嘘をつかないとよく言われますが，そのとおりだと思います。本章では，事業承継後の会社の成長を検討するため，財務諸表を見る上での留意点を確認していきます。ポイントを押さえた上で財務諸表を読めば，会社の現状がよくわかります。

　会社の資産には，流動資産と固定資産があります。流動資産は，現在進行中の事業と密接に関わっています。事業がうまくいって売上げや利益が増えれば，現預金や売掛金が増えます。また，人材育成や設備に投資すれば減少します。一方，固定資産は，事業が進展しても，基本的には増えたり減ったりしません。ただ，価値は経年劣化により目減りしていくものもあります。

　固定資産のうち大きな割合を占める有形資産には，土地やオフィス，営業用の車両など，事業活動において重要な資産が含まれています。オフィスや車両は，購入したときの価値が最も高く，財務諸表上の価格も同様です。その後，購入価格に対して減価償却を行い，価値の減少を反映させていきます。車両や工作機械などは，減価償却により残存価値が適切に再評価されます。しかし，適切な評価が困難なものもあります。社内専用システムなどがその例です。そこで，事業承継が，こうした固定資産の価値が減価償却により適正に保たれているかを再確認する良い機会となります。不適切な評価に基づく試算があれば，適切な評価額に修正します。現状を正しく表した状態で承継資産を後継者に引

き継ぐことで，承継後の混乱を避けることができます。また，こうした適切な再評価は，金融機関などの取引先にとっても歓迎すべきものであり，さらなる信用醸成の機会にもなり得ます。

2　貸借対照表のチェックポイント

　会社の経営状態は，財務諸表からわかります。ただし，本書は財務諸表に関する専門書ではありません。本章では，事業承継の観点から，財務諸表をチェックするポイントを説明していきます。

　財務諸表には，会社の現状と同時に将来を予測する上でも有益な情報が含まれています。貸借対照表は，会社設立から現在に至るまでの活動を積み重ねた結果であり，現状です。他方，損益計算書は，1年間の活動の結果を示すものです。過年度の結果を持ち越さず，毎年ゼロから積み上げていきます。これら，性質の異なる書類を組み合わせることで，事業承継の対象企業の現状と将来を把握できます。

（1）利益を出しているか，純資産のたくわえがあるか

　評価における考え方は，大きく2つです。一つは，「現在利益を出しているか」です。これは損益計算書で確認できます。1年間の純利益がプラスであれば，利益が出ていることになります。1年間の売上等から様々な費用を引いてもお金が残っている，ということです。

　もう一つの指標は，「現在純資産のたくわえがあるか」です。企業の活動は，利益が出るときもあれば損失が出るときもあります。その結果として累積で現状はどうなっているかに着目します。貸借対照表で簡単に確認できます。

　貸借対照表は，資産と負債に純資産を加えた3部構成になっています。会社を設立した際に元手となったお金，これが純資産です。これを使って事業活動を行うことになりますが，足りない分は，銀行などから借ります。これが負債です。負債と純資産を使って，事業活動に必要なものに支出します。一部は現金や預金という形で使わずにとっておきます。

負債は，借り入れたお金に限らず，いずれ支払わなければならないお金が含まれます。仕入れに伴い発生した未払いの材料費や，社員の給与から天引きしている税金などもここに分類されます。反対に，資産には，現在の事業活動の中で新たに発生したものも含まれます。販売した商品代金の未回収分などです。

（2）資産，負債，純資産の関係

資産，負債，純資産の関係は，資産を起点にさかのぼって考えるとよくわかります。事業のために使う資産があります。このうち，借入金などいずれ返済しなければならないものが負債です。資産から負債を引いた残りが，返却しなくてもいい，会社の純資産です。

ここで，損益計算書に関する初歩的な質問です。毎年の利益がプラスになると，貸借対照表にもその利益を反映させる必要がありますが，それは資産，負債，純資産のどこに割り当てられるでしょうか？

上記の説明を踏まえれば，毎年の利益が純資産に吸収されるということも納得いただけるのではないでしょうか。事業を営んだ結果として儲けたお金は，誰にも返す必要はありません。だから純資産なのです。“利益剰余金”として純資産に加えられます。

資産として残る現金や預貯金は，実は1年間の事業の結果を貸借対照表に反映させる過程で，すでに利益剰余金と同額分だけ増加しています。例えば，純利益が100万円残った場合，計算過程で同額の100万円分が貸借対照表上の加算項目として蓄積していきます。会計期末になって，その増加分を利益剰余金として純資産に加えることで貸方と借方のバランスを保っているのです。

（3）純利益と純資産に基づく業績評価

事業承継においても，対象企業の経営は，より良い状態であるに越したことはありません。では，どのような状態が理想的でしょうか。それは，現在の事業がしっかり利益を出しつつ（純利益がプラス），純資産がある程度蓄積されている（純資産もプラス）会社です。過年度の事業活動から得られた蓄積があ

図表2-1　純利益が利益剰余金に組み込まれる流れ

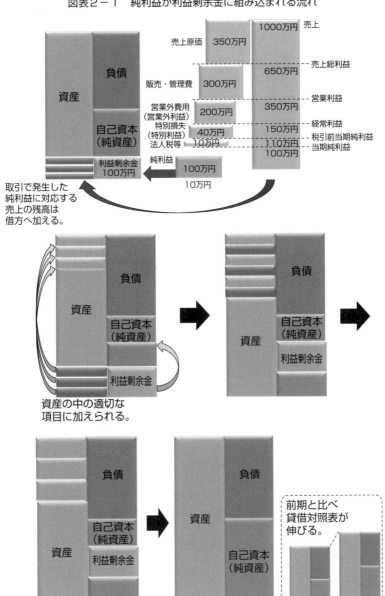

り，現在も利益を生んでいるため，すぐに経営が傾くことはありません。経営状態が良い優良企業で，事業承継においても後継者が安心して引き継げると説明できます。

　全ての中小企業が理想的な状況にあるとは限りません。実際には純利益と純資産を，それぞれプラスとマイナスで評価し，**図表2－2**に示すように4つの経営状態に分けて考えることができます。理想的なのは，これら2軸が両方ともプラスの企業であることは，すでに述べたとおりです。これに次ぐ2番目に良い経営状態は，純利益プラスの企業（純資産マイナス）か純資産プラス（純利益マイナス）のどちらでしょうか。換言すれば，純利益と純資産，どちらが重視されるべきでしょうか。

図表2－2　純利益と純資産による経営状態の評価

	純資産＋	純資産－
純利益＋	理想的	3番目
純利益－	2番目	好ましくない

　まず，純資産がマイナスとはどういう状態かを理解しておく必要があります。これは，"債務超過"と言われる状態です。債務超過という言葉通り，返すべきお金（債務）の総額が資産の総額を超過している状態です。事業では，借りたお金（負債）と事業主の元手（純資産）を事業活動に必要なものに変えています。減価償却などによる価値の減損を考えなければ，負債と純資産の合計は資産の合計になるはずです。

　純資産だけで事業を営むのであれば，債務がそもそも存在しないので債務超過にはなり得ません。会社を廃業しようと思ったら，資産を全部きれいに売り

払ってしまえば元手が戻ってきます。

　逆に，負債だけで運営されている企業があるとします。経営状態が悪化しすぎて，自己資本を全て使い果たした結果，借入金や未払金だけが残っているような状態です。それでも，貸借対象表の資産（借方）と負債・純資産の合計（貸方）は同額でバランスが取れています。ここで廃業するなら，資産を全部売り払って，全額を借入金等の返済に充てれば，手元には1円も残りませんが，無事廃業することができます。

　では，債務超過とはどのような状態でしょう？　債務はあるのに十分な資産が確保できない状態です。つまり，資産を全部売り払った現金を，全額負債（債務）の返済に充てても，まだ未返済の債務が残っている状態です。したがって，"今廃業したら，返済できない債務が残る"状態が債務超過です。債務超過であっても，さらに借入を追加して返済に充てるような自転車操業を続ければ，倒産は免れます。しかし，キャッシュフローの滞りが即倒産を意味する，深刻な経営難の状態と言えます。

　勘の良い方はすでにお気づきでしょう。2番目に良い状態とは，純資産がプラスで，純利益マイナスの企業です。純利益が出ていない理由を探っていくと，本章で後述する"当たり前のこと"ができていない，などの原因が浮き彫りになります。そのため，当たり前の経営ができるように指摘・改善できる企業環境を整えていけば，業績もそれに伴い向上していきます。そうすれば，事業承継に適した健全な企業に生まれ変わることができます。支援者としても，事業承継に備えた「見える化」と「磨き上げ」を支援する過程で，大いに力を発揮できる場面でしょう。

　3番目が純利益はプラスで純資産がマイナス（債務超過）の状態です。債務超過だけですでに重大な経営難なので，決して良い状態ではありません。事業承継に向けて，早急に大きな対応策を検討する必要があります。現在利益が出ている状態が今後も継続する見込みがあるなら，再生の可能性も高まります。一方で，債務超過という状態からは，かろうじて出ている利益でさえ借入金の利息の支払いに消えていることが推測されます。状態を改善するためには，借

入先を一本化し利率を交渉する，自己資本を注入する，といった根本的な対応が必要です。いわゆる再生支援というもので，コンサルタントとして請け負う場合も難易度は高いです。また，再生が軌道に乗り始めても，瀕死の状態を脱したに過ぎず，しばらくは慎重に経過を見守り続ける必要があります。事業承継においては，債務超過から健全な状態に導いた後に承継を進める方が，再生の混乱と同時に進めるよりも適切であることは言うまでもありません。後継者にとっても，経営状態が健全化した後に引き継ぐ方が，安心して今後の経営活動に専念できるでしょう。

　最後が，純利益がマイナス，かつ債務超過です。儲かってもおらず，事業資産を全て売り払ったとしても借金が残る状態です。まずは，現経営者のみならず後継者にも，どうしても廃業させたくないという強い意思を持って経営していく意気込みが問われます。退任する現経営者がどれだけ継続を望んでも，後継者に困難を乗り切る気構えがなければ始まりません。経営者のやる気と併せて，会社の強みと機会を活かした経営を戦略的に展開する必要があります。

　繰返しになりますが，純利益がマイナスで債務超過の状態から再生させるには，特に経営者及び後継者のやる気が問われます。支援者も実際に再生できるかどうかを見定める必要があります。あまり見通しが悪いようでしたら，事業承継ではなく廃業を検討する必要もあります。ただ，会社全体では債務超過でも，部門別では儲かっている部署があったり優れた製造技術があったりする場合，それらの「強み」を切り分けて他社に売却することも検討すべきでしょう。もちろん，長期的に見て会社そのものが再生する可能性が残されているなら，会社ごと売却するのも一案です。

3　会社の健全性

　ここまでは，承継対象企業の大局を財務諸表の内容から判断する，という話でした。別の角度から見れば，創業者や先代経営者が慣性的に事業を営む中で，会社全体の業績までは直接左右しないものの，不健全な状態が放置され続けていることもあります。このような状態も，やはり事業承継を機に見直して改善

することが望ましいです。この場合も，財務諸表の情報を基に問題を発見していくことが有効です。

　以下では，事業承継に関連した問題を，財務諸表に表れている“症状”と併せ，例として紹介します。先ほどよりも，少しミクロ的な視野から，放置し続ければ今後悪化しそうな具体的な“病巣”を探っていきます。財務諸表の分析手法は数多くありますが，会社を承継したりあるいはその支援をしたりする立場になったときに非常に有益なポイントを述べます。

　ここで，3つの指標を使います。安全性，収益性，効率性です。それぞれ，ざっくり説明すると，以下のようなものです。

●安全性：会社のお金が回っているか
●収益性：会社が儲かっているか
●効率性：会社のお金や資産が儲けに貢献しているか

以下，順に見ていきましょう。

(1) 安全性とは，「安全にビジネスを行えるか？」

①　短期的な視点からは（今後1年が目安），ビジネスを継続していく上で，

図表2-3　代表的な安全性評価方法

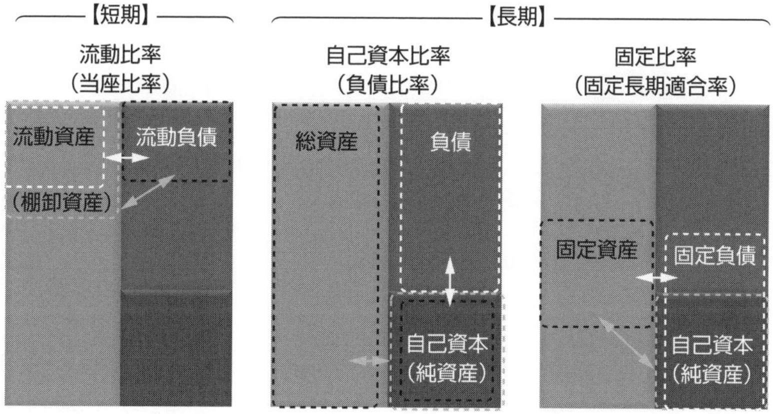

【短期】　　　　　　　　　　　　【長期】

流動比率　　　　　　　自己資本比率　　　　　　固定比率
（当座比率）　　　　　（負債比率）　　　　　（固定長期適合率）

流動資産　流動負債　　　総資産　負債　　　　固定資産　固定負債

（棚卸資産）　　　　　　　　　　　　　　　　自己資本　　　　自己資本
　　　　　　　　　　　　　自己資本　　　　　（純資産）　　　（純資産）
　　　　　　　　　　　　　（純資産）

お金の流れに問題はないか？　つまり，「短期的に支払う必要のあるお金を手元にあるお金で賄えるか？」ということです。

② 長期的な視点からは，「長期の借入金と固定資産を自己資本で賄えるか？」ということです。

（2）収益性とは，「ビジネスの売上げから，十分な利益が得られているか？」

→　売上げから仕入れコストを引いた利益は十分か？

→　さらに，販売や管理のコストを引いた利益は十分か？

→　さらに，銀行利息など本業のビジネス以外のコストを引いた（利益が出た場合は加えた）利益は十分か？

→　さらに，通常のビジネスでは発生しない特別な活動（資産売却など）のコストを引いた（利益が出た場合は加えた）利益は十分か？

→　最後に税金を支払っても利益が残るか？

これらの各段階において，残存利益が確保できているかを確認します。

図表2−4　代表的な収益性評価方法

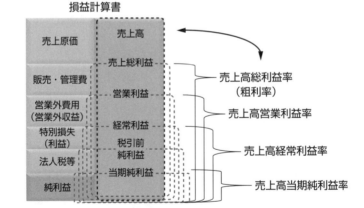

（3）効率性とは，「会社にある事業用資産（お金，商品，機械，土地など）は，利益を出すのに十分活用されているか？」

資産が「十分活用されていない場合」とは，使われることなく長期間会社で眠っているだけということです。商品（在庫）なら，"罪庫"と呼ばれます！機械などの有形固定資産の場合，その価格の何倍の売上げがあったかを，その有形固定資産の金額の「〇〇回」分かで表します。

商品（棚卸資産）の場合も，同様に売上げを棚卸資産額で除して，その売上額を達成するために，棚卸資産を何回まわしたかを表します。この考え方に従えば，「少なくなっては仕入れて，また少なくなっては仕入れて」とこまめに在庫をつないでいる方が，"罪庫"が少なく十分活用されていることになります。

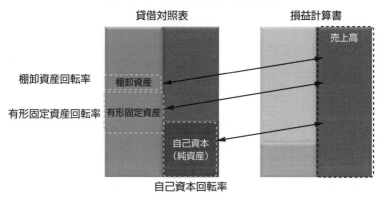

図表2-5　代表的な効率性評価方法

4　承継計画との関係

この節では，事業承継を前提とした財務的な確認ポイントを紹介してきました。財務状況を理解しておくことは，有形資産の現状把握や磨き上げを踏まえて事業承継を考える上で大変重要です。特に事業承継計画書やその基となる事業計画，経営計画を策定する際に大変有効です。事業承継計画書は，承継において多様な税制優遇措置や補助金を受ける上でも求められるものです。書類の

作成のみに限らず，事業承継に向けて財務の見える化を実務において進めることそのものにも大きな意味があります。また，財務の「見える化」は，中小企業の経営者による債務の個人保証を外すための重要な要素にもなっています。

　債務の個人保証を外すことについては，国がガイドラインとして方向性を示しています。今までは，金融機関との厳しい交渉があり，その実現は容易ではなかったかもしれません。ただ，財務の「見える化」によって個人と会社の資産を分離し，経営の透明性や健全性を訴えることにより，今後は，個人保証を外すことに同意する金融機関も増えてくる可能性があります。ここで重要なのは経営者のやる気と粘り（覚悟）です。強みや機会を明確にした上で，最後に相手を動かす決め手となります。現経営者とともにやる気と粘り（覚悟）をもって金融機関を納得させることも，支援者の大切な仕事です。

第2節　承継後の有形資産の活用

1　各種資産の承継

　事業承継の対象とする資産には，有形資産の他にも，無形資産，そして人材などが含まれます。ところで，有形資産といえば，どのような資産を連想しますか？　オフィス勤務の方なら，机や椅子，パソコンなど目に見える資産，まさに有形なものを連想するのではないでしょうか？　また，営業で外回りをする際に乗る社用車，自社ビルを保有している会社ならばその建物も有形資産です。工場ならば，作業場で使う旋盤やフライス盤などの工作機械，起重機，工場の建物などが含まれます。さらに，社屋や工場の建っている土地も含まれます。

　これら有形資産に共通する特徴は，その現在価値を金額に換算して算定するのが比較的容易である点です。他方，ソフトウェア，ビジネスのノウハウ，特許，のれん等の無形資産は，その価値を定量化することが困難なものが少なくありません。しかし，事業承継を行う上では，これらの無形資産も重要な資産として扱います。本章は事業承継資産のうち，有形資産の承継について述べて

います。無形財産については，次章「知的財産承継の支援」に譲ります。

　有形資産の評価は，業績や事業再生など財務情報と大きく関わる内容です。有形資産を活用して，事業を成長させることも可能ですし，また，事業が成長することで有形資産も蓄積されていきます。このように考えると，将来の事業を見据えて有形資産に投資していくことも重要な視点です。投資というと，機械や設備などを連想するでしょう。しかし，人材も欠かせない要素です。以下では，設備や人材への投資の重要性についても併せて説明します。

2　事業の承継

　事業承継においては，有形無形の事業資産を引き継ぐことだけではなく，流動的に進行している事業そのものの引継ぎが重要です。

　現在，大きな黒字を計上している企業であれば，事業承継は困難ではないかもしれません。ただ，率直なところ，そのような企業は必ずしも多くなく，業績があまり奮わない企業も少なくありません。このような企業では，赤字から脱却し安定して利益を生み出せる経営体制を，事業承継を始める前から計画的に確立していくことが求められます。

　現在業績が振るわない企業は，事業承継前に，事業再生や企業再建を目指す方が望ましい場合があります。ここで重要なのは，事業再生が難しい状況にあっても，決してあきらめずに改善策を考え実行していくことです。そのために必要な要素は，前述のように現経営者のやる気と粘り強さです。

　併せて，自社の強みや機会となる外部環境が何なのかを改めて捉え直し，それらを掛け合わせて事業承継に向けた企業の体質改善を実行していくことが必要です。まとめると，事業再生において，重要なことは，経営者のやる気と粘り（覚悟），会社の強み，そして機会となる外部環境の3点です。

　企業の赤字脱却，黒字化に向けての対策を含めた経営に関する悩みごとは，経営者が1人で抱えこむ必要はありません。企業の経営者は孤独です。経営について腹を割って相談できる役員や共同経営者もなく，一人思い悩んでしまうことも往々にあります。このようなときは，金融機関や顧問税理士など頼りに

なる強い味方に，一度相談してみるのも良い方法です。

　それでも，どう相談すればよいかわからないために，相談が先延ばしになってしまうこともあります。そのようなときこそ，支援者の出番です。経営者の抱える問題や課題を聞き出し，整理し，間に入って解決のために金融機関や税理士と連携して解決策を模索する，まさに支援者の腕の見せどころではないでしょうか。

　自社の強みと外部の機会とを掛け合わせ，自社ならではの事業立て直しを模索する上で，支援者は経験と分析力，コミュニケーション力などをフル稼働して承継予定の企業を再生していきます。一方で，個別企業独自の立て直しを考える以前に，業種業態を問わず他社が当たり前に行っていることを企業が怠っている場合があります。それが弱みとなって企業の発展を阻んでいることも考えられます。このような要因は，事業再生に取り掛かる中で，なるべく早期に発見して取り除く必要があります。これらを取り除いて初めて，再生に向けてのプラス要因の積み重ねが有効になるのです。

　実は，当たり前のことを怠らずに行うようにするだけで，赤字体質から脱却することも十分可能であると筆者は考えています。同業他社にはできている“当たり前の経営”が，自社にはできておらず，利益を出せていないということが少なくありません。

　自社でできていないこと，弱み，をあぶりだす際にも，わかりやすい分析方法があります。強みや機会の抽出と併せて，具体的な方法は第8章で述べます。

3　人材への投資を惜しまない

　“当たり前のことができていない”ことについて，少し深堀していきます。まず，中小企業に限ったことではないのですが，事業継続に必要な当たり前の投資を行っていない会社は，意外と多いのではないでしょうか。経営者が自身の道楽などには惜しみなくお金をつぎ込むのに，従業員教育や福利厚生には渋って中々出そうとしない，そんな会社です。そんな会社で働いていて，従業員が会社の利益のために貢献しようという気になるでしょうか？　お客様に満

足してもらえる応対を常に意識しながら接客できるでしょうか？

　当たり前だと思うのですが，自分が従業員として会社から大切にされていないのに，その会社のために貢献したいとか，その会社の顧客を大切にしたいとか，積極的には思わないでしょう。冷遇されればやる気を失う，当たり前のことです。接客を伴う事業であれば，当然，顧客へのサービスや対応は悪化し，結果として顧客離れを引き起こします。

　この点を改善するだけでも，プラスの連鎖反応が起こります。手厚い福利厚生など，従業員への待遇が良く満足度の高い職場環境が整備されていると，それを提供してくれる"素晴らしい会社"を大切にしたいという気持ちが芽生えます。また，従業員が経営者から大切に扱われると感じるだけで，仕事へのプロ意識も育まれます。これが，積極的にミスを減らそうとしたり顧客対応をより良くしようとしたり，といった従業員自身の意識改革やそれに伴う仕事の質の向上につながります。顧客の満足度も向上し，伸び悩んでいた顧客のリピート率が向上します。顧客に愛される会社は，ブランド力が向上しさらなる発展を遂げます。このような好循環を実現できれば，赤字に悩まされていた企業体質を黒字体質に向けて改善していくことは，難しいことではありません。

　実際には，福利厚生などで従業員への待遇を良くするのみでなく，やる気になった従業員の仕事を評価することも重要です。金銭的な厚遇より，むしろこうした仕事上の高評価の方が，従業員のモチベーション向上には有効です。具体的には，従業員の成功体験をクローズアップすると良いでしょう。例えば，営業や開発実績などで成果を出したり，お客様アンケートで接客が好評だったりした従業員を，経営者が適切に把握し，それを他の従業員の前で表彰するだけでも十分です。表彰された従業員は，これを成功体験としてさらに頑張ろうと思うでしょうし，表彰される様子を見ていた周囲の従業員も次は自分も頑張ろうというインセンティブになります。従業員の教育は，OJTやセミナーを受講したりするだけではありません。表彰による動機付けも，立派な従業員教育です。こうした努力を地道に続ける企業には，優れた人材が集まってきます。そうした人材が既存の社員に良い刺激を与え，新旧社員が互いに切磋琢磨しな

がら成長していきます。従業員が成長するスパイラルが企業文化として根付けば，企業にとってこれほど大きな強みはありません。

4　設備投資を惜しまない

　当たり前の経営ができていない例として，人材への投資ができていない会社のみならず，必要な設備に対する投資ができていない会社もあります。客観的に見れば，あり得ない話です。例えば，レストランを経営する場合，十分なテーブルや座席なしでどうやってお客さんを呼ぶのでしょうか？　ここで指摘しているのは，必要設備を全く導入しないということではありません。最低限事業を運営できる設備は備えているとしても，例えば経年劣化で汚れているテーブルや椅子，あるいは変色してきた壁紙を放置する，といったことです。また，事務所や店舗に合わないリフォームなど，むしろ必要ではない設備投資をして，逆効果を招いてしまうこともあります。

　このような状態を放置していると，競合他社の価値が相対的に向上し，顧客・市場を失うことになります。競合他社は何もしなくても評価が勝手に上がるのですから，自社にしてみれば無償で顧客を差し出しているようなものです。絶対に避けなければなりません。

　設備に投資しない経営者には，人に投資しない経営者と同じように言い訳があるかもしれません。設備投資をすれば経営が良くなることがわかっていても，資金力不足で投資できないなどです。確かに設備には高額なものが多いのですが，努力の方法はあります。例えば，国の補助金を活用するのも一案です。もちろん，2分の1，3分の1など一定割合を自己負担する必要がありますし，基本的には自己資金で購入した設備に対して後払いで支払われることが多いです。そのため，設備導入には，一定の資金が必要になるかもしれません。

　ただ，人材への投資と同じく，設備投資は，その後の成長には必要な投資です。設備投資ができない経営者は，"ない袖は振れない"と言うかもしれません。意図的に設備投資を惜しんでいるのではなく，財務の現状から考えて困難なために投資できないこともあります。ただ，支援者としては，人材への投資を含

めて，投資することを惜しんでいるのか，投資したくてもできないのか，といった経営者の意識や経営実態を総合的に判断し，様々なアプローチで適切な対策を提案することが大切です。

5　衛生要因と動機付け要因

"当たり前のことができていない"企業に経営支援をする場合，支援者としてどのようにアドバイスをすればよいでしょう。前提となるのが，経営者が問題意識を持っており，コスト（投資）をかけてでも改善したいと熱意を持っていることです。先行投資に意味がないと感じている経営者には，何を言っても響きません。

人材への投資の例として，従業員教育や福利厚生を挙げました。従業員満足度（EC：Employee Satisfaction）には2つの性格があります。一つは，もらえないと不満になるけれど，もらっても仕事のやる気には繋がらないものです。福利厚生や，給与・ボーナスなどの報酬がこれにあたります。これらを衛生要因といいます。もう一つは，衛生要因が充実していることを前提として，与えられると従業員のやる気が向上するものです。従業員教育や，そこから得られる，より専門的な仕事，役職や表彰などです。これらを動機付け要因と言います（ハーズバーグ，1968）。

従業員教育といえば，社内研修を実施したり社員の資格取得の費用を負担したりといったことを連想するのではないでしょうか。しかし，そこで終わってしまっては不十分です。"会社がお金を出してくれるから参加している，あるいは受験する"だけで，積極的に取り組んでいるとは限らないからです。これでは，せっかくの教育も仕事の意欲向上に結び付くとは考えられず，無駄になってしまいます。例えば，社員の英語力向上のためにTOEIC受験を支援する企業があります。そのこと自体は，大変良いことです。実際にそれで英語力が向上した社員に褒賞金を出せば，衛生要因の満足度アップにつながります。しかし，社員がやる気になるためには，動機付け要因を刺激することが必要です。TOEICで高得点を取得した社員に国際取引を任せてみる，希望者は海外

赴任候補者の対象になる，実際に国際畑で活躍する社員を社内報で取り上げる，といった仕事での成功を体験する機会を従業員に与えることで，動機付け要因が刺激され，やる気も向上されます。

さらに，「社員がやる気になって良かったね」で終わらせてもいけません。最終的には，企業として事業利益を追求する必要があります。やる気になった社員が，どのように売上げに貢献するのでしょうか？ 営業職を例に考えてみましょう。やる気が出て働く気満々に生まれ変わった自社の社員は，そうでない他社の社員と比べて質の高い顧客対応をするようになるのではないでしょうか。顧客は，その接客に満足し，また取引したいと考えます。リピーターが増えれば，宣伝・広告費が削減できます。このようなリピート顧客がさらに増えれば，自社ブランドが確立できます。そうなれば，さらなる増収増益が見込め，経営が安定し，さらなる人材投資が可能になるという好循環が期待できるのではないでしょうか。

6　やる気への投資を惜しまない

支援者においても，顧客企業の従業員が衛生要因に不満を持っていないか，動機付け要因は刺激されているか，の2段階に分けて社員の満足度向上を図るようアドバイスすることが有効です。具体的には，まずは，従業員へのヒアリングを実施し，給与やボーナス，有給休暇の取りやすさなどに満足しているかといった点を確認します。併せて，従業員のやる気に繋がるような仕組みづくりが会社としてできているかを検討します。

例えば，営業職であれば，売上げに貢献した従業員を毎月朝礼や会議で表彰したり，あるいは貢献度合いと役職付与の関係に明確な基準を設けてそれを従業員に“見える化”したり，といった体制づくりが考えられます。また，新しい仕事を任せ，仕事での成功体験を通して自信をつけてもらうことも，動機付け要因として効果的です。「お客様に褒められてとてもやる気が出ました」というのはよく聞く話です。福利厚生の充実など，決まり切った対策が中心の衛生要因に比べ，動機付け要因に関するアドバイスは，顧客企業の業種業態を考

慮して工夫する余地が広がります。支援者としても，知恵の絞りどころです。

　最近では，社内の表彰制度などを用いて従業員のやる気向上に成功している企業が，その取組みを見学させてくれることもあります。人事施策の成功を公開することで業界や社会における自社の評価を向上させる狙いもあるのですが，機会があれば，経営者や後継者を誘って参加してみるのも良い提案になります。

第3節　成長に向けた支援者の役割

　投資を含めた事業計画を数字で捉えて経営判断をする体制づくりをすること，従業員がやる気になって積極的に仕事に従事できる環境を整えることは，企業が承継を円滑に進めていく上で非常に重要な取組みです。このような対策を検討する際には，経営者や後継者のみならず，社内で信頼のおける役員，さらには現場での対応に携わる社員を含めた意見交換の場を設けることも有効です。社長や役員の前では意見が出しづらい組織の場合，コンサルタントがファシリテーターとして参加すると良いでしょう。あるいは，社員から意見を募る機会を別途設けるのも一案です。会社の課題や経営者の認識を理解した上で，異なる視点からの意見をいかに聞き出せるか，支援者としての力量も試されます。

　支援者の役割は，経営者，役員，社員などが意見を交換するための"触媒"となること，そして，会社の定量データやこうした意見交換で得られた定性データを総合的に分析し，経営者を適切な方向に導くことです。そのための長いロードマップ上の道のりの大きな機会となるのが，事業承継だと筆者は考えています。事業承継を単独で捉えず，将来を踏まえた有効な助言ができれば，支援者としても素晴らしいです。

　最後に，支援者に必要となるコンサルタントとしての接し方をコラムでまとめました。「コンサルタントではない」職種と考えている事業承継の支援者の方も多いと思いますが，是非参考にしていただければと思います。

コラム：コンサルタントとしての接し方

　本章では，経営者には当たり前の経営が求められることを繰返し述べました。同じように，コンサルタントも当たり前のコンサルティングを行うことが大切です。会社やその事業活動について十分調べてからコンサルティングに臨むことも大切ですが，その前提となるのが支援先企業の経営者や従業員に接する態度です。

　当たり前すぎると思われるでしょうが，これができていないために信頼関係を構築できずに苦労しているコンサルタントが割と多いと実感しています。信頼醸成のためには，以下の点に気を付けるとよいでしょう。

① 　経営者に敬意を払い，同じ目線で丁寧に対応するように心がけましょう。「偉そうなコンサルタントだ」といった不必要にネガティブな印象を持たれるのを避けられます。

② 　経営の現場を自分の目で見て確かめようとする姿勢を示しましょう。事務所の中だけの聴き取りではなく，せっかく現場を訪れるなら工場を見せてもらいましょう。従業員が挨拶してくれるか，５Ｓは徹底されているか等，現場ならではの気づきも得られます。こうした現場確認は，改善提案などのコンサルティングを行う際に大きなヒントとなります。また，そうした積極的に事業内容を理解しようとする態度は，経営者にも好印象を与えます。

③ 　支援先の事業内容に興味を持つことも必要です。これが最も重要かもしれません。そもそも，好奇心が旺盛で色々なことに興味を抱くことは，コンサルタントにとって大きな強みとなります。興味を持って話を聞いていれば，経営者も積極的に質問し，身を乗り出して協力を得ようとします。コンサルタントとしても，経営者の話を聞くだけでなく，工場の作業環境を確認するための視察などを積極的に行い，好奇心を持って見て回れば，様々な気づきが得られて楽しいはずです。会社の事業に建設的な態度で関わろうとするコンサルタントを嫌がる経営者などいないと思います。

第3章

知的資産承継の支援

第1節　知的資産承継の重要性

1　事業承継の三要素

　中小企業の事業承継については，数多くの文献が公表されています。ただし，その多くが株式等の有形資産の承継に関するものです。もちろん，有形資産の承継も重要であることは言うまでもありません。しかし，有形資産の承継が終わって，後継者に経営権や財産権が移っただけで事業承継が終わったと考えるべきではありません。そもそも，事業承継の目的は企業を継続させるだけでなく，その後の成長も重要であることには誰も異論がないと思います。それにも関わらず，事業の成長に必要不可欠な知的資産の承継については，あまり注目されてきませんでした。

　中小企業白書では，**図表3－1**に示すように事業承継すべき三要素を明示しています。まず，人の承継は経営権を後継者に承継することであり，不可欠の

図表3－1　事業承継の三要素

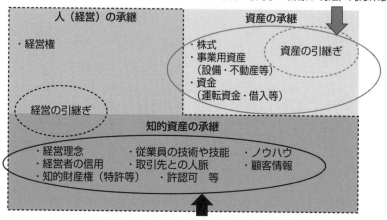

資料：中小企業白書（2018）より筆者一部修正

要素であることは言うまでもありません。この点，実は「後継者の確保」という事業承継の前提条件に関する大きな課題がありますが，その詳細は次章で述べます。

　次に資産の承継が挙げられます。第2章でも説明したように有形資産には株式や事業用資産，そして，現金などが挙げられます。有形資産の承継も重要であることは間違いありません。そのため，数多くの文献で承継のための方法論が提示されていて，事業承継の支援者としても相談を受けることが多いでしょう。

　ただし，本章では，第三の要素である知的資産に焦点を当てたいと考えています。有形資産については，すでに数多くの文献で詳細な方法論が提示されており，また，数字で表すことができるため，目標が明確に設定できます。そして，その目標を達成するために公認会計士や税理士などの専門家も多数存在していて，支援方法もある程度確立しています。さらには，近年，事業承継税制などの支援策も充実しています。

　一方，知的資産は有形資産のように数字で表すことができないため，その実態を把握することが難しいです。中小企業白書には，知的資産の具体例として，経営理念，技術やノウハウ，信用や人脈，顧客情報などが列挙されています。これらが企業の継続・成長に不可欠であることは間違いありません。ただし，知的資産の承継に関する文献は必ずしも多くありません。また，これを承継するために支援する専門家が，どこにいるかがわかりづらいと思います。さらに，そもそも，国家資格のように公的な資格が明確に用意されていません。そのため，現経営者あるいは後継者は，誰に頼んで知的資産の承継を支援してもらったら良いのかがわからないのが実情ではないでしょうか。本書では，少しでも事業承継に取り組む現経営者や後継者の参考になるため，知的資産の重要性とその承継の方法論について具体例とともに紹介したいと考えています。

　なお，特許や卓越したノウハウなど大企業のように特段の知的資産はないと考える中小企業経営者は少なくないかもしれません。特に高度な技術も持っていない非製造企業では，そのように考える中小企業は多いでしょう。しかし，

非製造企業であっても知的資産は重要です。独立行政法人中小企業基盤整備機構は，「知的資産経営マニュアル」を公表し，その中で，知的資産の経営が重要であり，「特別な強みを持った特別な企業が，特別な手法を用いて行なうものではなく，小規模ゆえに限られた経営資源しか持たない中小企業こそ実践すべき」であると指摘しています（中小企業基盤整備機構，2007）。すなわち，必ずしも特別な技術を持っていない中小の製造企業，あるいは，技術開発を行っていない非製造の中小企業においても，その営業ノウハウや人脈などを活用した知的資産経営の実践が期待されています。

このような知的資産はおそらく多くの中小企業の経営において，ほとんど意識されていないことかもしれません。ただし，それゆえに事業承継を機会に，まずは知的資産の「見える化」を行い，それを後継者に継承することが重要です。支援者においても，現経営者，後継者，あるいは右腕経営者に知的資産経営のサポートをしていくことが期待されます。

2 知的資産とは

知的資産とは，前述の「知的資産経営マニュアル」によれば，「従来のバランスシート上に記載されている資産以外の無形の資産であり，企業における競争力の源泉である，人材，技術，技能，知的財産（特許・ブランド等），組織力，経営理念，顧客とのネットワーク等，財務諸表には表われてこない目に見えにくい経営資源の総称」と定義されます。具体的には前述のように経営理念や技術・ノウハウ，取引先との人脈などを意味します。

このような知的資産が重要であることに異論がある人はいないと思いますが，事業承継においては，どうしても，有形資産の方に着目することが多くなります。有形資産は目に見えて価値がわかりやすく，売買等も容易です。また，会社の持株の承継，それに伴う税金の問題など一般にもわかりやすい問題です。それに比べて，無形資産は容易には価値がわかりません。「知的資産経営マニュアル」でも，知的資産の特徴として，①それ自体に交換価値があるわけではないこと，②独立して売買可能ではないこと，③知的資産の全てをその企業

が必ずしも所有・支配しているとはいえないことの３点を挙げています。

　そして，知的資産を保持していること自体には意味がありません。知的資産を戦略的に活用して，自社の競争優位を確立し，利益に結び付けることが必要になります。そのためには，「マネジメント」と「戦略」が必要になります。また，「競争優位」という言葉は聞いたことがある人は多いと思いますが，その意義をよく理解することが知的資産活用の第一歩です。第３節では，戦略と競争優位について，もう少し具体的に説明します。その前に，次節では戦略立案の前提となる経営理念について説明しましょう。

第２節　経営理念の重要性

1　事業承継における経営理念

　前述のように知的資産について，事業承継と関連付けて説明している文献は多くありません。また，実務においても，現経営者や後継者が，その重要性に気づいていないことも少なくありません。しかし，筆者は，知的資産も，事業承継後の企業を成長させるために不可欠な要素だと考えます。また，知的資産の中でも，まずは経営理念の見直しと社内への浸透が第一です。

　事業承継は，当たり前ですが，経営者の交代です。大企業であれば，経営者の交代は数年に一度の定期的な出来事です。また，組織形態も強固であるため，極端な話をすると経営者が交代しても，あまり大きな影響はないかもしれません。しかし，中小企業にとって，経営者の交代は数十年に一度の出来事です。組織も大企業に比べて強固ではありません。組織が強固ではないということは，柔軟性があるとも言えますが，職務分担が明確でないことから，組織の運営において，経営トップの力量が重要になります。そこに，経営トップが交代するという一大事がある訳ですから，事業承継によって，組織の運営に大きな混乱を招く危険があります。すなわち，事業承継後の成長を望むどころか，組織としての一体感を喪失し，その後の方向性を見失うことも十分あり得ます。

　以上のように，事業承継においてこそ，企業の存在意義を明記した「経営理

念」が重要になると考えられます。経営理念は，企業の存在意義を示すものであり，企業の行く道を示す羅針盤のように例えられます。実際に多くの中小企業でも，すでに経営理念が掲げられていると思います。ただ，それが形骸化されている例も多いのではないでしょうか。経営理念を掲げていても，それが組織に浸透していなければ意味がありません。そのような企業では，経営者と従業員との間に大きな認識のギャップが生まれてしまいます。ただでさえ，従業員は，経営者が語る経営理念を高い夢や理想と感じ，他人事のように捉えてしまいがちです。率直な話をすれば，現場での日々の仕事に追われて忙しい従業員にとっては，経営理念がいつの間にか忘れられて形骸化してしまうのは自然とも言えます。こうして現場から浮いてしまった経営理念は，単なるお題目になり下がってしまい，いざというときの行動指針として機能しなくなります。

逆に言えば，中小企業を大企業と比較した場合，人的規模や資産規模といった「目に見える資産」は見劣りしますが，「目に見えない資産」は大企業と遜色ない価値を持たせることも可能です。とりわけ，経営理念については，組織の規模が大きい大企業よりも，中小企業の方が浸透しやすいかもしれません。すなわち，経営者と従業員の距離が近い中小企業は経営理念を用いて組織力を強化することが可能であり，その他の「目に見えない資産」の価値を向上させることも期待できます。

2　経営理念の定義

経営理念とは，その企業の存在目的や使命を簡潔に社内外に表現した文章です。より具体的には，自社が何のために存在しているのか，その存在価値を示した宣言文です（坂本（2017））。

実は，そもそも，経営理念は，誰のためのものなのか，すなわち，誰に向けて発せられるものなのかについて，様々な議論があります。1970年代の研究では経営理念を経営者のものと捉え，経営者の指導原理と見る傾向がありました。しかし，1980年代以降は，経営理念を経営者と組織体のためにあると考えられ，経営者に対する指導原理に加えて，組織の行動指針・価値観が含まれていると

考えられるようになりました。さらに，2000年代からは組織の信念や価値観と捉えられるようになったとされます（田中（2016））。

　企業によっては，経営理念とは言わずに，「社是」「社訓」「社憲」「綱領」「クレド」「信条」「モットー」「基本方針」などと様々な呼び方をしているかもしれません。いずれにしても，経営理念は，企業の大きな方向性を示すものです。経営理念に基づき事業の内容が決まり，その事業で競争するための戦略が立案されます。経営理念を実現するための事業範囲が事業ドメインであり，その事業ドメインの中で競合企業に優位になるための指針が戦略となります。事業ドメイン，経営戦略の関係を**図表3−2**に示します。

　組織人が目標達成に向けて行動するためには，まずは理念をよく理解する必要があり，組織に経営理念が浸透することによって，後に述べる全員参加型経営が実践できることになります。

　以上のように経営理念は戦略の上位概念であり，企業の経営方針の根幹を成すものです。事業ドメインの範囲で企業は競争していくことになりますが，競争に勝つための指針が経営戦略です。「経営戦略」という言葉は一般にもよく使われています。ただし，その意義についてはよく理解されていないことが少なくありません。そのため，以下では戦略の意義について説明しましょう。経営戦略も重要な知的資産の一つであり，事業承継後に企業の成長を望むために

図表3−2　経営理念と経営戦略の階層

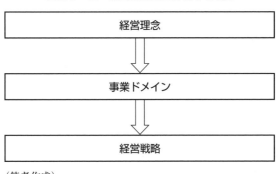

（筆者作成）

は，事業承継を一つの機会として，経営戦略を見直すことが重要です。

第3節　経営戦略と理念

1　戦略とは

　前述のように戦略という言葉は一般用語となっていて，実務的にも日常的にも使われています。ただし，戦略とはそもそも何でしょうか。

　当たり前ですが，「戦略」とは，具体的な競争相手を想定して，その競争相手よりも優位になる（競争優位と言います）ことを目標に立案・実行されるものです。つまり，「競争相手」がいることを前提に戦略が立案されることが大前提となります。ただ，実務的には，具体的な競争相手を想定していない，あるいは，「わからない」戦略が数多くあります。端的な例としては，例えば，行政機関や業界団体において，「戦略」という言葉が付けられた報告書や指針が多数提示されています。もちろん，これらの重要性を否定するものではありませんが，これらのほとんどは，競争相手を具体的に想定した「戦略」ではなく，将来の「政策ビジョン」あるいは「業界動向」を調査した報告書などが多いのが実情です。また，企業においても，経営戦略や技術戦略などが立案されていますが，具体的な競争相手を想定せずに将来の「事業計画」の詳細を述べたものなどが多いと考えられます。本来であれば，競争相手を明確にしてから，戦略を検討することが必要です。

2　差別化が重要

　また，競争相手と同じことをしていては，競争優位を確立することは難しいとされています。なぜなら，競合企業と同じ製品やサービスを提供していれば，顧客は，できるだけ安い製品やサービスを選ぶことになります。この状況では，「安ければ安いほど良い」となり，いわゆるコスト競争に陥るため，自社も競合企業も十分な収益を確保することができなくなってしまいます。そのため，戦略とは，競争相手と異なる何かしらの差別化を目的に，自社の資源を集中す

ることが必要不可欠とされています（Porter, 1996）。ただし，そのためには，明確な指針がなければなりません。

　以上の議論をまとめると，戦略とは，「競争相手に対して競争優位を確立するために，何をすべきかを明示した指針」であると言えます。従来，日本の企業には「戦略がない」と指摘されてきました（Porter, 1996）。競合他社と同じ目標を掲げている企業が多く，差別化を目的とした企業活動がほとんど行われていないというのが，その理由です。この点，確かに，1990年代までの日本企業においては，差別化をあえて意図しなくても，十分な収益性を確保できたため，戦略は必要ない，あるいは，少なくとも，戦略の重要性は低いという考え方も可能であったかもしれません。ただし，それは，日本経済の高度成長期という，ある意味恵まれた時代の話だと考えられます。戦後の高度成長期の日本企業の競争相手は，すでに先進国となっていた欧米各国の優れた企業が想定されていて，これらの企業に追いつくことが日本企業の目標でした。具体的な戦略課題は，欧米企業に比べて，より性能が高く，より安い製品を提供することでした。この時代には，競争相手が明確で，その戦略課題も自明であったとも言えます。そのため，日本企業には戦略が必要なかったというよりも，あえて戦略を考えなくても，戦略的な行動が可能であったのかもしれません。さらに言えば，本来，身近な競争相手であった日本国内の同業他社は，欧米企業という同じ競争相手に勝つという共通の目標を持った同志であるとさえ考えられていました。そして，実際に，より良い製品やサービスを，より安く提供することで，日本企業は十分な収益性を確保できていました。

　しかしながら，今は時代が大きく異なります。日本企業は，すでに欧米企業に追いつき，いわゆるフロントランナーとなりました。そのため，まずは，明らかな競争相手を想定しなければなりません。その相手は，国内の企業なのか，欧米の企業なのか，あるいは新興国の企業なのか，それぞれ業界ごと，企業ごと，あるいは事業部ごとに異なる競争相手がいます。業界が同じであっても，企業ごと，あるいは事業部ごとに競争相手を設定し，その相手に対して差別化を目標とする戦略を考える必要が出てきたと言えます。

3 経営理念からの差別化

　知的資産の中でも経営理念が重要であることは繰返し述べてきましたが，それは経営理念そのものが企業の差別化に直結することが十分にあり得るからです。すなわち，経営理念から自然と競争優位の戦略を導く可能性があるということです。

　端的な例として，環境保護や貧困対策などを積極的に行い，幅広い関係者に貢献することを理念として掲げている企業が考えられます。そして，理念自体が「素晴らしい」というだけでなく，それを実践することによって，他社とは異なる差別化を実現する例です。世界的に有名な企業としては，Royal DSM という会社があります。以下に同社の WEB サイトに掲載されている理念を抜粋します。

　「Royal DSM は，栄養，健康，そして持続可能な生活の分野で活動している，グローバルな目的主導の科学に基づいた会社です。DSM の目的は，全ての人にとって明るい人生を創造することです。その製品とソリューションにより，DSM は世界中の最大の課題のいくつかに対処しながら，同時に顧客，従業員，株主，そして社会全体といった全ての利害関係者に経済的，環境的，社会的価値を生み出します。」https://www.dsm.com/corporate/about.html （2019年7月）

　一見すると素晴らしい文言が並んでいて，「社会貢献をします」という普通の大企業の理念のようにも見えます。ただし，ポイントは「全ての人」が利害関係者であって，その利害関係者に経済的のみならず，「環境的・社会的価値」を提供することで，「明るい人生」を創造することという理念を掲げ，それを本当に実践しようとしていることです。同社は，この理念を徹底的に実現することで，イノベーションを創出し，明らかに同業他社との差別化を実現していると高く評価されています（アリソン・ビアード，リチャード・ホーニック（2012年））。

　具体的には，同社の主力事業は，石油化学製品やプラスチック，基礎化学医

薬品でしたが，製品ラインナップを大きく変更し，栄養サプリメント，薬剤成分，エコ建材などに広げていきました。そして，同社の社会貢献活動として，健康を高める製品の開発・販売を積極的に行い，これらの製品を最も必要とする人たちに無料で提供することにしました。最大のプロジェクトは，WFP（国連世界食糧計画）と連携して，ネパールやケニアなどで栄養失調の人々にビタミンや栄養強化食品を配給しています。また，インドの新しい学校の建設に同社のエコ建材を提供し，環境負荷を抑えることも実現しました。

　このように他社よりも明らかに社会貢献活動に邁進していますが，このような活動の意図として担当者は，第一に優秀な人材を集めるという人材獲得，第二に国際的な組織との連携により様々な国のニーズを把握し，イノベーション活動へ波及することを挙げています。また，第三に栄養素の重要性というメッセージを普及することができ，結果的に利益を生み出すことができると述べています。ただし，同時にこのような投資のリターンを定量化することは難しいことを認めており，投資家への理解を求めることも強調しています。ただ今のところ，株主から「お願いだから止めてくれ」と言われたことはないとのことです。

　海外の大企業だと参考にならないという批判もあるかもしれません。そこで，日本の中小企業の事例も紹介しましょう。辻製油株式会社は三重県の食用油を製造する中小企業ですが，独自の理念を実践し，差別化を実現している企業です。辻製油の経営理念は，「人まねはしない。何処もできないことをやる」というもので，正に他社との差別化が経理理念として掲げられています（https://www.tsuji-seiyu.co.jp/（2019年8月））。

　西岡（2018）によれば，同社は，食用油に加えて，乳化剤として利用される機能性大豆レシチン，美容素材のコーンセラミドやフィッシュコラーゲンペプチド，天然香料として食品に使用される「ゆずオイル」を製造しています。特にとうもろこし胚芽油の生産量は国内一位，機能性大豆レシチンは国内唯一，天然ゆずオイルは世界で唯一のメーカーであるとのことです。特筆すべきは，同社は，「より時代のニーズに応えるべく，素材，品質，環境にも安全・安心を

第一に考えサービスを提供いたします。」という理念を掲げ，地域貢献及び環境保全活動に邁進していることです。この理念を具現化すべく開発に取り組んだ成果の代表的な製品が上記の「ゆずオイル」です。「ゆず」は生果用と加工用に選別されますが，生果としての利用は少なく，加工用としては，1トンの「ゆず」からジュースやポン酢になるのは200kgで，果皮を含む残りの800kgは廃棄処分されていたそうです。この廃棄処分量を少なくするため，同社は抽出技術の開発に取り組み，天然香料として需要の高い「ゆずオイル」という高付加価値製品に生まれ変わらせました（西岡，2018）。

このような他社とは明らかに異なる戦略を掲げている同社は独自の製品を開発して，高い市場シェアを有しているだけではなく，様々な表彰も受けています。2012年には，経済産業省・特許庁主催「平成24年度産業財産権制度活用優良企業等表彰」の「経済産業大臣表彰（特許活用優良企業）」を，2014年には新日本有限責任監査法人が主催したEYアントレプレナー・オブ・ザ・イヤー・ジャパンを受賞しています。

西岡（2018）によれば，大変興味深い点として，同社がこの事業の開始を決断するにあたり，社内には賛成する者は誰もいなかったとのことです。会長である辻氏は，それでも事業の社会的意義を踏まえて，事業実現に邁進しました。同氏は，「事業の透明性を維持すること，そしてトップが夢を語り，事業の成果を伝えることが重要である」と述べ，毎月1回，全社員に前月の経営数値と次の事業への夢を30分かけて語るとされています。

以上のように経営理念をお題目に終わらせずに，全社一丸となって理念の実現に邁進することで競合他社との差別化に成功している中小企業は存在しています。もちろん，企業にとって，収益も重要なため，全ての企業が社会貢献に邁進するということは難しいかもしれません。ただ，逆に難しいからこそ，他社との差別化になるという考え方もあります。

いずれにしても，事業承継を機に経営理念を引き継ぐ，あるいは，改めて見直すことによって，他社とは明らかに異なる戦略を練り直すことは十分可能です。これにより，事業承継後の企業の成長に結び付けることが期待できます。

第4節　知的資産経営のプロセスと承継時の意義

1　知的資産経営プロセス

　以上のように経営理念を含む知的資産の承継は，事業承継後の企業の成長に不可欠であることは理解できると思います。それでは，具体的な承継のプロセスについて知的資産の承継プロセスを説明しましょう。実は，そのプロセスはある程度定型的なものです。その一例として，前述の知的資産経営マニュアルが提案している知的資産経営のステップがあります。

第一段階：自社の強みを認識する

　まず，SWOT分析などにより，自社の強みを見出します。本書でも，これらの詳細な方法論については，第7章で説明します。知的資産経営としては，まずは対象となる知的資産をリストアップすることが重要です。その価値算定は難しくても，どのような特許やノウハウ，又は取引先との人脈や信用があるのかなどを改めて明示することは，後継者や右腕経営者と共通認識を持つことに役立ちます。

第二段階：自社の強みがどのように収益につながるかをまとめる（ストーリー化）

　第一段階で提示した「強み」を用いて，どのように収益化できるかを明文化します。現経営者のみがわかっているよりも，後継者やそれを補佐する右腕経営者，そして，可能であれば，全従業員もその道筋をわかっていた方が効率的です。

第三段階：経営方針を明確化し，管理指標を特定する（見える化）

　最終的な収益化までのストーリーを明示した上で，その途中段階での管理指標を明示化します。

　これらの三段階は，本書の第7章で紹介するSWOT分析により，内部要因と

外部要因を分析し，その後にクロスSWOTを行い，戦略の方針を提示し，それの戦略を実現する道筋を明確化するというプロセスと同義です。「知的資産経営マニュアル」では，この後，第一段階から第三段階までの分析結果を「知的資産経営報告書」の形で報告書としてまとめること，また，一方で，知的資産経営を実践に移すことで，それを定期的に見直すことで，報告書と実践のフィードバックを行うことを提案していますが，ここでは省略します。その代わりに，第7章で知的資産を含めた自社の「強み」を活用して，外部の「機会」と掛け合わせることで戦略を立案するプロセスを詳細に説明します。

2　全員参加型経営

本章の最後に知的資産の承継と知的資産経営の実践が事業承継時に重要であることを改めて考えてみましょう。事業承継とは，当たり前ですが，経営者の交代を意味します。一般に，創業社長で強いリーダーシップを発揮しているような企業であっても，経営者が「戦略的な意思決定」をして，それによって社内を動かしていくためには，他の役員や従業員への根回しが必要不可欠です。これは企業を経営あるいは支援している方々であれば十分理解できることだと思います。

自分自身が会社を創業し，長年の経営により，多くの実績を残してきた創業者であっても，根回しが重要というのであれば，その次の経営者である後継者は相当の準備をして，根回しをしなければ，大胆な戦略どころか，日常の経営さえ難しいことが想定されます。特に後継者が全ての株式を承継するのではなく，創業家の親族や古参の役員が大株主となっている場合には，直接経営に参画していない親族等大株主への根回しも大変重要になってきます。

すなわち，後継者は，経営者になった瞬間から，その他の役員や従業員のみならず，他の大株主など関係者全員の理解を得て，経営者として意思決定を行う必要があります。言い方を変えれば，事業承継を本当に成功させるためには，強いリーダーシップを発揮すると同時に粘り強い調整力が不可欠となります。

この点，近年の経営学の議論においても，トップダウン型の経営者のみなら

64

ず，調整型の経営者の重要性が指摘されはじめています。一から企業を立ち上げた創業社長であれば，強いリーダーシップの下にトップダウン型の経営を行うことも可能かもしれません。しかし，二代目・三代目の特に若い後継者がスムーズな事業承継を行うためには，関係者の理解を得るため，調整型の経営者の役割が求められるのは当然と言えます。

　調整型の経営は決して悪いことではありません。むしろ，トップダウンで強権的に事業を進めるのではなく，その他の役員や従業員が自律的に意思決定することを促進して，後継者は徹底的に調整役としての役割を進めていくということも一案です。これを推し進めた完成形が，全ての従業員が経営者としての視点を持って能動的に活躍する「全員参加型経営」になります。

　全員参加型経営とは端的に「全従業員が経営者としての意識を持ち業務を遂行すること」と定義できます。野中ら（2015）は，日本企業のDNAは全員経営にあると提示し，それを社内外に発信した代表的な経営者の1人が松下幸之助であるとしています。より具体的には，松下幸之助は社員一人一人が自ら発意する経営者の意識をもって自律的にふるまい，確固たる経営理念の下で結集すれば，最高の経営が実現するはずという強い信念を持ち，かつ実践したと指摘しています。そして，近年の日本企業における例として，ファーストリテーリングやJAL，セブン＆アイ・ホールディングスなども挙げています。ファーストリテーリングの柳井正会長も全員経営の重要性を唱え，社員にリーダーシップを強く求めています。また，JALの経営再建を任された稲盛和夫会長は，部門別採算管理制度のアメーバ経営を導入し，社員一人一人に収益を向上する意識を持たせたと指摘しています（稲盛（2006））。さらに，セブンイレブンの各店舗では，鈴木敏文会長の指揮の下，フランチャイズのオーナーのみならずアルバイトのスタッフもデータを分析した商品発注を仮説検証する仕組みを導入しましたが，これがまさに全員経営のあり方であると提唱しています。

　以上の事例は名だたる大企業ではないかという批判も当然考えられます。しかしながら，社員数の少ない中小企業こそ，全員参加型経営は重要ではないでしょうか。中小企業では，大企業のように職務の分担が細分化・専門化されて

おらず，組織としての制度化も十分ではありません。しかし，その一方で，各社員が複数の業務に能動的に従事することが求められており，時には経営者の目線で意思決定することが必要になります。逆に言えば，組織としての柔軟性があるということになり，意思決定が速い中小企業において，全員参加型経営が導入できるのであれば，大企業にも決して負けない戦略を立案・実行できる可能性があると考えられます。

　全員参加型経営を導入するための具体的な取組みとしては，必ずしも大掛かりな仕組みは必要ではありません。例えば，2017年の中小企業白書において，事業承継の成功例として紹介された株式会社大谷の事例が参考になります。同社は，従業員600名，資本金1億円の印章・ゴム印の製造・販売企業です。先代経営者の大谷会長は，55歳を過ぎてから事業承継を考え，当初3人の娘に相談したものの，いずれも断られてしまいました。そこで，インターネットで社長を公募し，50代の大手企業経験者を後継者候補として取締役待遇で招聘しましたが，結果として，その方は社長に就任しなかったそうです。まさに後継者難の状況になりましたが，ここで次女が後継者として名乗り出て，2年後に社長に就任しました。しかし，同社は，社内組織が未整備であり，創業者である会長の指示に従って動く従業員ばかりというワンマン経営の典型例だったそうです。そのため，残念ながら，創業者の次女であるからと言って，従業員がすぐに動くわけでもありませんでした。この状況を打破すべく大谷社長は，「社長が命令をしていく組織から，従業員が自ら考えて行動する組織づくりを模索」することにしました。ただ，その取組みは大変地道なものでした。具体的には，工場や店舗に直接社長が出向き，現場の意見に耳を傾け，従業員に問題点や課題を考えさせる意識改革を進めました。もちろん，すぐに社内の変化を期待することはできないものの，一部の従業員において，意識が変わり始めているとのことです。また，今後の方向性としても，従業員から役員を登用して，将来的には社長を担って欲しいと考えています。

　さらに，積極的に後継者を育てると同時に従業員も経営参画させることを意図した取組みを行っている中小企業も紹介されています。同じく，2017年の中

小企業白書に事業承継の事例として掲載された株式会社オーテックメカニカルです。同社は山梨県の高速組立・高速検査を行う省力機械の開発・製造・販売業を営む従業員41名，資本金5,570万円の中小企業です。創業者である芦澤会長は65歳を目途に事業承継を考え，50歳過ぎから準備を始めたとされています。具体的な取組みは，大掛かりなものではありません。例えば，芦澤会長の経営に関する考えを従業員に伝える経営計画発表会を定期的に開催しています。これにより，経営者と従業員の目指す方向性が一致していくことを実感し，発表会を続けることにより，経営者としての視点を持つ人材が育ってきたとのことです。その中から，創業時からのメンバーである若手の社員（当時41歳）を次の社長候補として常務取締役に抜擢しました。そして，同社に出資している東京中小企業投資育成株式会社の開催する「次世代経営者ビジネススクール」に参加させるなど，後継者教育のため，外部の研修等に積極的に参加させています。さらに，次の経営者候補として，若手の営業部長を取締役に抜擢し，同様にビジネススクールに派遣しています。特筆すべきは，創業者である芹澤氏の一族が保有している株式の大半を経営陣や従業員持株会に譲渡し，経営参画意識を高めることを意図しているとのことです。

　以上の事例のように中小企業において事業承継の準備の一つとして，全員参加型経営を積極的に導入することは十分可能と考えられます。むしろ，事業承継を一つの好機と捉えて，全員参加型経営への転換を図るという考え方もできるのではないでしょうか。

第4章

後継者確保の支援

第1節　後継者難

1　後継者確保へのアドバイス

　第1章でも指摘しましたが，近年の日本の中小企業においては，後継者難が大きな課題とされています。実は，会社を引き継ぎたいと考えている50代か60代の経営者の半数近くは，後継者が決まっていないか，後継者の了承を得ていない状況にあります。

　当たり前ですが，事業承継を進めるためには，まずは後継者を確保する必要があります。そのため，支援者としては，後継者の確保について，現経営者に可能な限り早めにアドバイスをすることが求められます。

　後継者の候補として，まず考えられるのは，現経営者の子供です。その次に孫あるいは，その他の親族の順番で検討することになると思います。この点，近年の少子化を踏まえると，現経営者に子供や孫がいて，後継者候補がいるのであれば，それだけで運が良いと言えるのかもしれません。また，親族に後継者の候補者がいたとしても，それだけで安心してはいけません。現経営者から明確な意思表示をして，候補者から了承を得ることも必要です。実は，後継者候補に明確に意思確認したときに，躊躇されてしまうことは珍しくありません。また，後継者からの明示的な了承がなければ，後継者と一緒に事業承継の準備を始めることはできません。

　繰返しになりますが，近年の後継者難を踏まえれば，たとえ現経営者が若くても，早めに後継者確保に向けた準備が必要と考えておいた方が無難と言えます。ただ，いきなり現経営者に事業承継の話をして，「後継者を決めましょう」と安易にアドバイスするのも考えものです。特に比較的若い経営者の方に後継者確保についてアドバイスをすると「俺に引退しろという意味か？」と怒らせてしまうこともあります。

　ただ，支援者としては，できれば50代以上の経営者の方には，後継者を確保して，事業承継の準備に入っていただくようアドバイスすることは重要です。

特に，親族の方から後継者を確保することが困難であれば，親族外への承継を考える必要があります。これには，相応の時間が必要になります。例えば，親族外となれば，現経営者以外の役員や従業員あるいは外部の方を招聘するなど後継者の選択肢が急に広がります。この場合は，そもそも，自社にとって，どのような後継者が望ましいのかを明確にする必要があります。さらに，後継者が見つからないのであれば，会社を売却するということも近年の日本では珍しくない選択肢になりつつあります。この点についても本章で説明します。

　いずれにしても，後に示すように，近年の日本の事業承継においては，他人承継が珍しくないことを示す調査結果があります。親族に後継者の候補がいない場合はもちろんのこと，候補者がいたとしても，親族以外への承継も選択肢の一つとして視野に入れておくことが必要であり，少なくとも支援者には，そのようなアドバイスができることが不可欠と考えられます。本章では，近年の日本企業の後継者難の現状について整理するとともに，親族外承継の可能性と課題について説明していきます。

2　後継者確保

　図表4-1は，中小企業庁の委託調査で「経営者の年代別に見た，後継者選定状況」の調査結果です。この結果を見るとわかるように50代の経営者において，後継者が決まっていて，かつ了承を得ている割合は25.2％と4分の1に過ぎません。また，60代や70代の経営者でも50％前後となっています。これらの結果は，日本の中小企業の半数以上において，後継者が明確に確保されていないことを意味しています。なお，これは，図の注にも記載したように，事業を誰かに引き継がないと決めている経営者は除いています。

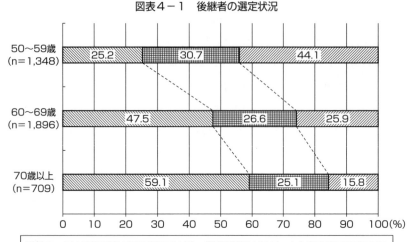

図表4-1　後継者の選定状況

	決まっている(後継者の了承を得ている)	候補者はいるが,本人の了承を得ていない	候補者もいない,または未定である
50～59歳(n＝1,348)	25.2	30.7	44.1
60～69歳(n＝1,896)	47.5	26.6	25.9
70歳以上(n＝709)	59.1	25.1	15.8

（注）中小企業庁委託「企業経営の継続に関するアンケート調査」（2016年11月，（株）東京商工リサーチ）
　　　事業承継の意向について，「誰かに引き継ぎたいと考えている（事業の譲渡や売却も含む）」，「経営の引継ぎについては未定である」と回答した者を集計している。
資料：中小企業白書（2017）から筆者一部修正

　続いて，図表4-2は，後継者が決まっていない経営者を対象に「後継者確保に対する考え方」を聞いた質問です。当たり前ですが，後継者を探している企業は経営者の年代とともに増加しています。そして，50代の経営者でも30％の経営者が「探しているが見つからない」と回答しており，60代の経営者は約半数，70代の経営者では70％近くの経営者が困っています。後ほど示すように後継者の候補が見つかったとしても，その後継者を説得する期間に年単位の時間がかかることもあり，早めの準備が必要であることを踏まえれば，遅くとも，50代の後半からは後継者の候補を探すことが不可欠と考えられます。

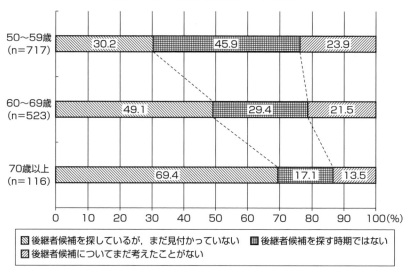

図表4－2　後継者確保に対する考え方

凡例：
- 後継者候補を探しているが，まだ見付かっていない
- 後継者候補を探す時期ではない
- 後継者候補についてまだ考えたことがない

（注）中小企業庁委託「企業経営の継続に関するアンケート調査」（2016年11月，（株）東京商工リサーチ）

経営を任せる後継者について「候補者もいない，または未定である」と回答した者を集計している。

資料：中小企業白書（2017）から筆者作成

以上のように後継者が決まっていない経営者は珍しくなく，また，決まらないことに困っている経営者が多くいることがわかります。このような状況に陥らないため，支援者には現経営者への早めのアドバイスが必要です。

3　後継者を探し始める

40代以下の経営者であれば，まだ後継者を探す時期ではないという主張は理解できます。ただし，後継者を探し始めても，簡単に見つからない場合も考えると，支援者としては，50代の経営者には後継者を探し始めてはどうかとアドバイスすることが求められます。

それでは，誰を後継者の候補として想定するべきなのでしょうか。実は，近年は，他人承継が半数を超えてきているという調査結果もありますが，やはり，

中小企業の多くは，創業者自身が経営をしているか，あるいは，創業者の親族が経営している，いわゆるファミリービジネス（親族経営企業）です。そのため，多くの中小企業の経営者は，できれば親族を後継者にという考えが自然ではないでしょうか。

実際に**図表4-3**は，後継者候補の選定にあたって，「後継者として検討した対象」を聞いた調査結果になります。ここでは，「後継者が決まっていて，本人も了承している」「後継者が決まっているが，本人の了承を得ていない」「後継者候補が見つかっていない」の三者に分けて集計がなされていますが，まず，注目すべきは，後継者が決まっている経営者の約3分の2が「子供と孫を候補者として検討した」と回答している点です。やはり，中小企業の事業承継にお

図4-3　後継者選定状況別に見た，後継者選定にあたり行った検討

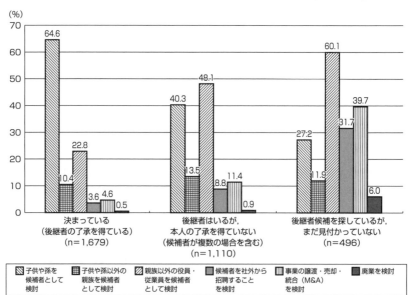

（注）中小企業庁委託「企業経営の継続に関するアンケート調査」（2016年11月，（株）東京商工リサーチ）

　　複数回答のため，合計は必ずしも100％にはならない。

資料：中小企業白書（2017）より筆者作成

いては，子供や孫を候補者として検討することが多く，また，その場合，後継者の了承も得やすいことを示しています。さらに，割合は少ないものの，「子供や孫以外の親族」を候補者として検討している経営者もいます。親族に候補者がいれば，後継者確保が比較的容易であることがわかります。

なお，この調査では，明確に「娘婿」という文言が質問項目に示されていません。ただ，子や孫，あるいは子供や孫以外の親族の中に含まれていると考えられます。実際には，娘婿が後継者として重要な候補になっていることは少なくありません。そして，実は，娘婿による事業承継の企業のパフォーマンスが比較的高いとする研究成果もあります（沈（2010））。

また，図表4－3においては，親族以外の役員・従業員を検討する経営者も多くいます。特に，後継者が見つかっていない経営者においては，「親族以外の役員・従業員を候補者として検討」と回答した割合が60.1％と高い数字を示しています。

次に，後継者の候補がすでにいる場合でも，候補者への明確な引継ぎの意思表示が重要になります。支援者としては，客観的に後継者の候補がいるように見えても，明確に後継者本人に意思を伝えていないという経営者が多いことを十分に理解しておく必要があります。

図表4－4は後継者への意思表示についての回答結果です。両者とも事業承継の候補者がいると回答している経営者への質問ですが，後継者からの了承の有無で集計されています。まず，下段で「後継者はいる」にもかかわらず，「候補者から了承を得ていない」場合本人に「明確」あるいは「おおむね」伝えた経営者は少ないことがわかります。また，上段の「候補者からの了承を得ている」としても，「明確に伝えた」経営者が半数程度に留まっていることが示されています。

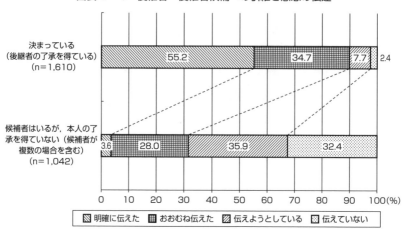

図表4−4　後継者・後継者候補への引継ぎ意思の伝達

決まっている
（後継者の了承を得ている）
（n＝1,610）

| 55.2 | 34.7 | 7.7 | 2.4 |

候補者はいるが，本人の了
承を得ていない（候補者が
複数の場合を含む）
（n＝1,042）

| 3.6 | 28.0 | 35.9 | 32.4 |

0　10　20　30　40　50　60　70　80　90　100(%)

明確に伝えた　　おおむね伝えた　　伝えようとしている　　伝えていない

（注）中小企業庁委託「企業経営の継続に関するアンケート調査」（2016年11月，（株）東
京商工リサーチ）
資料：中小企業白書（2017年）から筆者作成

　実は，候補者に明確な意思を伝えたとしても，必ずしも，すぐに候補者が了
承するとは限りません。図表4−5は後継者の選定を始めてから了承を得るま
でにかかった期間を示したものです。候補者から明確な了承を得るのに1年も
かからなかったと回答した経営者は，わずか20％程度と明らかに少ないです。
逆に，候補者からの了承に3年以上もかかっている割合が4割近くに及んでい
ることがわかります。

　前述のように現経営者と候補者は親子であることが多いです。この点，一般
的には「親子が一番」と考えている人が多いかもしれませんが，後に説明する
ように微妙な関係になってしまうことが学術研究においても指摘されています。
親子であれば，常日頃から密接な関係にあることが多いですが，だからといっ
て十分な意思疎通ができているとは限りません。そのため，現経営者から後継
者として明確に意思表示をされても，曖昧な返事をしてしまうことが多く，数
年間もその状態が続いてしまうことは支援者として理解しておく必要がありま
す。だからこそ，支援者としては，早期に現経営者に候補者を見つけること，

図表4-5　後継者の選定を始めてから了承を得るまでにかかった時間

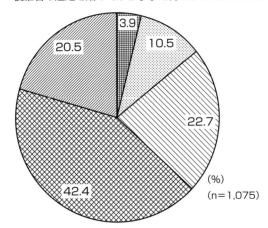

（%）
（n=1,075）

| 🔳10年超 | 🔳5年超10年以内 | 🔲3年超5年以内 | 🔲1年超3年以内 | 🔲1年以内 |

（注）中小企業庁委託「企業経営の継続に関するアンケート調査」（2016年11月，
　　（株）東京商工リサーチ）
　経営を任せる後継者について「決まっている（後継者の了承を得ている）」と
回答した者を集計している。
　資料：中小企業白書（2017）から筆者作成

　その上で，候補者に明確な意思表示をすること，そして，第三者の観点から，
候補者から了承を得られるように根回しをすることが求められます。

4　親族内承継の課題

　中小企業の後継者に関する学術的な研究は日本では必ずしも多くはありませ
ん。ただし，海外にはファミリービジネスの研究者を中心に後継者の課題につ
いて研究がなされています。実務を担う支援者としても，学術的にどのような
議論がなされているのかについて知ることは意味があると考えられるので，以
下に簡単に紹介しましょう。

　日本のファミリービジネス（親族経営）の代表的な研究者である後藤
（2012）は後継者として期待される候補者は幸せな存在と思われがちであるが，
当事者にとってみれば必ずしもそうではなく，むしろ不幸な存在と感じる事例

が少なくないと指摘しています。この点は，実際に後継者候補の方に相談に乗っている支援者の方からすれば，実感に近いのではないでしょうか。率直なところ，中小企業の経営者の家族であれば，比較的裕福であり，周りからは羨ましがられる存在であるとも言えますが，当事者としての心情は必ずしもそうではないと考えた方が良いかもしれません。

その上で，後藤は，事業承継においては，ファミリーとの関係が重要であり，事業承継を成功させるためには10年程度の期間が必要と指摘しています。そして，Venterら（2005）の研究を引用して，事業承継の成功要因を整理しました。それは大きく分けて，①ファミリーの和，②現経営者と後継者との関係が良好であること，③後継者の十分な準備，④後継者の高い承継意欲です。いずれも，事業承継の実務においても納得のいくことばかりではないでしょうか。

①については，家族間のメンバーにおける配慮や信頼，尊敬を促すことがファミリーの和を結束させるために重要です。事業承継の支援者としてはメンバー間のコミュニケーションを促進することが期待されます。ここでは，経営に関わっていないファミリーの存在も重要です。例えば，現経営者の配偶者の方や後継者以外の兄弟などが重要なメンバーとして考えられます。直接的には事業承継に関与していないかもしれませんが，事業承継を成功させるためには重要な利害関係者になります。②の現経営者と後継者の関係性が良好であることは当然の条件とも言えますが，決して簡単ではありません。まずは，両者の間での共同作業や情報共有を促すことが重要です。ただし，2人だけで密接な話し合いをしていては，意見の食い違いから対立関係になってしまうことも少なくありません。ここでは，仲介者としての支援者の役割が極めて重要になります。③の準備については，具体的に他社での勤務や社外のメンターからのアドバイス，専門的資格の取得，教育プログラムの受講が提案されています。事業承継の支援者としては，後継者に社外活動への積極的な参画を促すことが求められます。④も候補者が必ずしも承継を強く望んでいるとは限りません。むしろ，経営者の子供として，当然のように後継者だと言われてきたものの，本当は他のことがやりたいと考えている後継者も多いのではないでしょうか。こ

こは後継者の気持ちの問題なので，支援者としてできることには限界があります が，第三者として後継者の率直な気持ちを引き出して，相談に乗るだけでも 有効な場合があります。また，事業承継に成功した企業の事例などを紹介して あげることも一案として考えられます。

　さらに，後藤は，ファミリービジネスにおける人間関係は極めて微妙である と指摘しています。後継者が現経営者の子供の場合が多いことはすでに述べま したが，この場合には，現経営者と後継者は，家族であると同時に上司と部下 としての2つの関係があり，この「二重関係」が人間関係を複雑にするという ことです。前述のように，そもそも，子供だからといって，必ずしも後継者に なりたいということではありません。例えば，アメリカの既存研究の結果です が，ファミリービジネスの次世代の経営者となり得る後継者にアンケートを 行った結果，その会社に「希望すれば入社できる」という回答が62.1%である にも関わらず，「おそらく入社しない」という回答も65.2%となっています （Eckrich and Loughead (1996)）。一見，過半数の子供が入社しないという数 字は大きいかもしれませんが，長年，中小企業を支援している方であれば納得 のいく数字なのではないでしょうか。率直なところ，現経営者に子供がいるか らといって，いつか自分の後継者になってくれるだろうという期待は，あまり 持たない方が良いというアドバイスをすべきかもしれません。むしろ，子供が 入社して，後継者になるという意思を固めてくれただけで幸運と言えます。

　ただし，もし，後継者候補の子供が決意を固めて入社してきたとしても，そ こからが大変です。前述のように現経営者と後継者は，会社としては上司と部 下であり，家族では親子の関係という二面性があり，それだけでも微妙な関係 です。また，後継者を次の経営者として育成する場合には，現経営者は指導者 としての立場にもなります。それゆえに，2人だけで関係性を閉じてしまうと， どうしても対立することが多くなり，本書でも繰返し述べているように2人の 間を取り持つ右腕経営者や支援者の存在は極めて重要です。ただ，右腕経営者 も現経営者の部下，また，いずれは後継者の部下になるという社内の利害関係 者でもあります。そのため，外部の第三者の支援者が現経営者と後継者の親子

関係，社内の上司と部下の関係，そして，経営者育成の指導者と指導を受ける側の関係など複雑な人間関係を踏まえながら，アドバイス・支援を行う必要があります。

この点，特に，親子の関係性は家族の関係でもあるため，第三者としては立ち入れない部分もあります。実は，中小企業の経営者は，後継者に対して，強権的な父親として振る舞うことが一般的にはイメージされますが，必ずしも，父親として威厳を保ち，時には高圧的な態度で臨むばかりではありません。海外の研究でも，経営者は仕事に邁進し過ぎるため，その反面として，子供に甘い態度を取ることも少なくないことが指摘されています。これは，富裕層が使う銀のスプーンをもじってシルバースプーン症候群と呼ばれています（Hollander, 1987）。一般的なイメージでは，従業員などにトップダウンで指示をするような経営者であれば，その子供に対しては上司かつ指導者として，より高圧的な態度に出てしまうことが想定されます。これでは後継者となる子供は反発することになりがちです。この場合，右腕経営者と支援者は，間を取り持って良好な関係を維持することが必要です。ただ，その一方で，シルバースプーン症候群のように家族に強く出られない経営者も決して少なくないことは支援者として理解すべきです。この場合は，上司及び指導者としても，適切な指導ができないことが十分想定されます。親子としての人間関係は問題ないかもしれませんが，後継者が独善的に振る舞う可能性があり，その他の役員や従業員の反発を招くだけでなく，そもそも，後継者が一人前の経営者にならないという致命的な問題に繋がりかねません。この場合にも，支援者は外部の第三者として，客観的な視点から現経営者及び後継者にアドバイスすることが求められます。言うべきことを言うように現経営者にアドバイスすることが支援者として求められますし，後継者に対しては，ある程度，指導を受け止めて，経営者として成長していく姿勢を求めていくことになります。

また，いずれにしても，後継者は早めに確保した方が良いということを示唆する研究もあります。それは，現経営者と後継者の年代によって，仕事上の関係の良好さを分析した研究です。Davisらは，父親が50歳代で，息子が23歳か

ら32歳の組み合わせが一般的に良い関係性を発揮すると指摘しました（Davis and Tagiuri, 1989）。これ以上の年代となると現経営者としては意欲を失う可能性があり，後継者は社会人経験を積んで素直にアドバイスを受け止められないことが考えられています。これらは海外の研究成果ですが，日本でも，一般のほとんどの中小企業にも参考になることが多いのではないでしょうか。現経営者の子供が後継者候補の場合には，可能であれば，現経営者が50歳代のときから事業承継の準備を助言し，後継者育成を勧めることも一案になると考えられます。

第2節　親族外承継の可能性

1　親族外承継の割合

前節で説明したように，中小企業であれば，子供を後継者の第一候補にする経営者が多いと考えられます，そして，子供が後継者になってくれると同意しただけでも，それは「運が良い」とも言えます。ただし，子供が後継者になる場合には，現経営者と後継者は，上司部下の関係と親子関係という二つの関係性を持つがゆえに課題があることも説明しました。

それでは，実際に子供が後継者となる割合はどの程度なのでしょうか。いくつか調査結果が提示されていますが，2019年の中小企業白書に掲載されたデータを以下に示します。

親族の分類は細かく分かれていますが，一番多いのは男性の子供に事業承継をしている割合です。女性も合わせると，子供が約45％となっています。さらに，配偶者や子供の配偶者などの親族の合計では55.4％と過半数になっています。ただ，逆に言えば，その他に事業承継を行う親族外承継も半数に近いことがわかります。

図表4−6を見ると，親族以外の役員・従業員が19.1％，社外の第三者が16.5％，その他が9.1％なので，合計した割合は45％程度になります。親族外の役員や従業員が事業承継している割合が比較的高くなっていますが，特に長年

図表4－6　事業承継した経営者と後継者の関係

関係性	割合
配偶者	2.6%
子供（男性）	42.8%
子供（女性）	2.3%
子供の配偶者	2.6%
兄弟姉妹	1.5%
孫	0.0%
その他親族	3.5%
親族合計	55.4%
親族以外の役員・従業員	19.1%
社外の第三者	16.5%
その他	9.1%

（注）みずほ情報総研(株)「中小企業・小規模事業者の次世代への承
　　継及び経営者の引退に関する調査」（2018年12月）による。
　　引退後の事業継続について「事業の全部が継続している」,「事業
の一部が継続している」と回答した者について集計している。
資料：中小企業白書（2017）掲載データから筆者作成

従事している役員や従業員であれば，会社の経営方針や内情に精通していて，
何よりも顧客や協力企業など外部との信頼関係も比較的容易に維持することが
期待できます。ただし，ここで支援者として是非とも覚えておかなければなら
ないのは，長年にわたって企業に勤めている役員や従業員でも，すぐに経営者
として活躍することは容易ではないということです。特に現経営者が偉大で，
優れたリーダーシップを発揮している場合こそ難しいと考えられます。なぜな
ら，現経営者が偉大であれば，その他の役員や従業員は，現経営者の指示に従
うことが当然で，どうしても受け身で仕事をしてきたことが多いと考えられる
ためです。これは，いわば偉大な経営者により成功した企業におけるジレンマ
と言えます。
　日本は100年以上続くような老舗企業が多いとされています。ただし，これは，

海外と比べて老舗企業の割合が多いという意味で，絶対数が多いわけではありません。多くの中小企業は，戦後に設立された企業です。そして，それらの企業の経営者は，創業経営者として一から企業を立ち上げました。そのような企業が，近年，まさに事業承継に直面しています。創業経営者は何もないところから会社を立ち上げた「起業家」であり，卓越したリーダーシップを発揮して，企業を成長させてきたと言えるのではないでしょうか。これ自体は素晴らしいことですが，他の役員や従業員は，そのような偉大な経営者の指示に従っていれば十分でした。そのため，会社を率いていこうとする当事者意識が低いのが自然と言えるかもしれません。

　そのため，リーダーが優れている企業こそ親族でない役員や従業員の方が事業承継をする場合には，企業全体の経営の仕組みを大きく変える必要があります。具体的には，後継者となる方のみならず，その他の役員あるいは従業員の方々も自ら経営に参画していくという意識改革が不可欠であると筆者らは考えています。偉大な経営者に付き従っていた状態から，その偉大な経営者が抜けた後の穴を皆で埋めるというような意識改革です。このような意識改革も含めた組織のあり方を大きく変えなければ，その後の成長は望むことは難しく，本当の意味での事業承継の成功とは言えないのではないでしょうか。

2　M&Aの可能性

　親族外の役員や従業員の方に後継者が見つからなければ，社外の第三者を後継者とする道も考えられます。当たり前のことですが，会社には経営者が絶対に必要です。関係者に後継者がどうしてもいなければ，支援者としても，社外から経営者を招聘する，あるいはM&Aによる事業承継も視野に入れてアドバイスすることが求められます。従来，日本では，M&Aに対して敬遠する経営者あるいは従業員も数多くいました。ただ，改めて考えてみると，他社に買収されて，会社の規模が大きくなることは決して悪いことばかりではありません。少なくとも廃業に追い込まれるよりは確実に良いですし，会社の規模が大きくなることで業務が効率化し，会社の信用が上がる可能性もあると前向きに捉え

ることも可能です。実際に，近年，急速にM&Aによる事業承継が増えている
と考えられます。具体的な支援方法については次章で述べますが，ここでは，
日本のM&Aのニーズと支援者の実態について簡単に紹介します。

　M&Aの場合は自分で売却先を見つけることは困難であり，専門家の協力が
不可欠です。この点，M&Aを視野に入れるためだけでなく，事業承継の準備
を始める場合には外部の専門家を活用することが有効です。

　また，前節で述べたように，後継者の候補は，まずは子や孫など親族を検討
することが自然です。ただ，それだけでは，候補者が見つからないことも十分
想定されます。次に想定されるのは親族でない役員や他の従業員です。このよ
うな場合には，第三者の専門家からの客観的な意見も踏まえた検討も重要です。
さらに，候補者がいても，その本人の了承を得ていない経営者も多いですが，
当事者同士だけでなく，外部の専門家のアドバイスは大変参考になると考えら
れます。

　図表4－7は，事業承継における相談相手を後継者が決まっている経営者と
決まっていない経営者で集計した結果です。まず，一番多い相談相手は，顧問
の会計士や税理士となっています。会計士や税理士は，常日頃から中小企業の
税務・会計を担当する専門家であり，中小企業にとって，一番身近な相談相手
と言えます。また，親族や友人知人に続いて，こちらも第三者として日常相談
相手となっている取引金融機関などが挙げられています。そして，順番として
は低いものの，経営コンサルタントや弁護士など外部の専門家にもアドバイス
を求めている経営者もいます。

　なお，後継者が決定している経営者と後継者が決定していない経営者におい
て，それほどの差がないとも言えますが，ほとんどの相談相手において，後継
者が決定している経営者の方の割合が高くなっています。やはり，事業承継に
ついて早めに第三者に相談している経営者の方が後継者は決まりやすいことを
示唆しています。

　ここでは，割合は未だ低いものの，M&Aセンターや事業引継ぎセンター，
よろず支援拠点などを活用している経営者もいることが示されています。これ

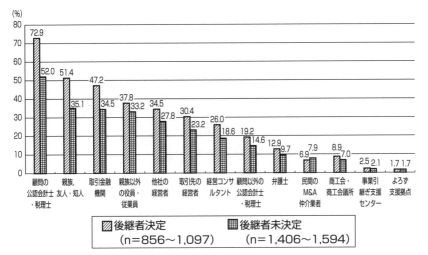

図表4－7　事業承継における過去の相談相手

(注)　中小企業庁委託「企業経営の継続に関するアンケート調査」(2016年11月，(株)東京商工リサーチ)

1．複数回答のため，合計は必ずしも100％にはならない。
2．ここでいう「経営コンサルタント」とは，中小企業診断士，司法書士，行政書士を含む。
3．それぞれの項目について，「相談して参考になった」，「相談したが参考にならなかった」と回答した者を集計している。

資料：中小企業白書（2017）より筆者作成

らの専門の支援機関への相談も一つの選択肢であることを覚えておくことも重要です。

　それでは，実際に日本の中小企業において，M&Aへの関心が高まっていると言えるのでしょうか。図表4－8は経済産業省の委託により，三菱UFJリサーチ＆コンサルティング株式会社が実施した調査結果です。これによると，M&Aを「全く考えていない」と考える企業が半数を占めていますが，「積極的に取り組んでいく」あるいは「良い話があれば検討したい」と前向きな考えを持っている企業が3割程度います。

　さらに，M&Aの今後の実施意向について「全く考えていない」と回答した企業の経営者を除いて，「M&Aの買い手か売り手」のどちらに関心があるかと

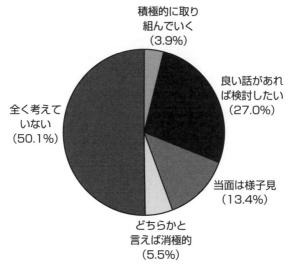

図表4－8　M&Aの今後の実施意向

積極的に取り
組んでいく
（3.9%）

良い話があれ
ば検討したい
（27.0%）

全く考えて
いない
（50.1%）

当面は様子見
（13.4%）

どちらかと
言えば消極的
（5.5%）

（注）中小企業庁委託「成長に向けた企業間連携等に関する
　　　調査」（三菱UFJリサーチ＆コンサルティング㈱
　　　（2017））
　　　資料：中小企業白書（2018）より筆者作成

いう点について質問した結果が**図表4－9**です。これによると，実は買い手と
しての関心が約3分の2を占めています。買い手の企業が多いということは後
継者候補が見つからない企業にとって，M&Aが重要な選択肢の一つとなり得
ることがわかります。

　ただし，支援者として覚えておかなければならないことは，M&Aの成約率
は必ずしも高くはないという点です。日本全体の正式な調査結果はありません
が，参考までに，事業引継ぎセンターにおける公表数値があります。それによ
ると，2016年度は，6,292件の相談企業数に対して，事業引継ぎ件数は430件で
した。つまり，成約率は6.8%です。これは相談件数に対する成約率のため，本
格的に事業承継に向けた準備を行った企業に対する成約率ではない点には注意
が必要ですが，M&Aという選択肢が急速に日本でも認知されてきている一方
で，その成約率は未だ高くないことは十分理解しておく必要があります。

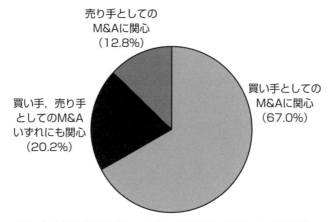

図表4－9　今後のM&Aの実施意向

売り手としての
M&Aに関心
（12.8%）

買い手としての
M&Aに関心
（67.0%）

買い手，売り手
としてのM&A
いずれにも関心
（20.2%）

（注）中小企業庁委託「中小企業の事業再編・統合，企業間連携に
　　関する調査」（三菱URFリサーチアンドコンサルティング
　　（2017））
資料：中小企業白書（2018）より筆者作成

第3節　まとめ

　本章では，日本の中小企業の事業承継の大きな課題である「後継者の確保」
について説明しました。中小企業の事業承継においては，未だ，親族への承継
が一般的といえるかもしれません。ただ，近年においては，親族内に後継者を
見つけることは決して容易ではなく，親族外に承継している企業が半数近くと
なっていることは覚えておく必要があります。

　親族内に後継者の候補がいるということは，極端に言えば，「運が良い」と
言えます。ただ，その場合でも，早めに現経営者が意思表示をして，後継者候
補からの承諾を得ることも重要です。そして，親族内に後継者の候補がいない
のであれば，まずは社内外から広く候補者を探し始めることが不可欠で，長期
的な視野に立って検討を行う必要があります。

　社内の役員や従業員も後継者とすることが難しければ，後継者を外部から招

聘することやM&Aなども視野に入れなければなりません。しかし，これには，さらに時間がかかります。支援者としては，これらの点について，十分認識して，事業承継を支援していくことが求められます。

第5章

M&Aの支援

第1節　有力な選択肢としてのM&A

1　M&Aの件数の増加

　本書で繰返し述べていますが，事業承継において親族内に後継者，また，社内の従業員の中に後継者がいなかった場合は，社外の第三者に事業承継する道を探すことになります。中でも有力な方法が，会社そのものの売却あるいは事業の売却を行うM&Aです。ベテランの従業員が残っていても，その従業員が経営者にならないのであれば，M&Aは有力な事業承継の一手段ということになります。

　前章で紹介したように，M&Aの成約率は未だ日本では高くありませんが，M&Aの件数は着実に伸びています。1990年代には年間500件前後だった日本のM&Aの件数ですが，2018年には約3,850件と大きく増加しています。

　M&Aの件数が増えた一因として，もともとはグローバル化の中で日本企業が生き残るためにM&Aの環境整備が政策として促進されてきたことが挙げられます。具体的には，新会社法の成立や持株会社の解禁など，M&Aを促進する法制度が整えられました。その意味では，M&Aは資金が豊富でグローバルに展開する大企業が先行してきました。

　ただ，ここ数年活発になっているM&Aの増加は，中小企業による事業承継型のM&Aによるものです。後継者不足が顕在化し，M&Aが事業承継の有力な方策として浸透してきていると考えられます。

　図表5−1は，買収により，子会社や関連会社が増加した企業の数を表しています。このデータでは，2006年以降，大企業による企業買収はほぼ横ばいです。これに対し，中小企業による企業買収は伸びており，近年，その差が開いています。すなわち，現在のM&Aの主役は，中小企業であると言っても過言ではありません。

　中小企業M&Aを手掛ける大手3社（日本M&Aセンター，ストライク，M&Aキャピタルパートナーズ）の成約件数の推移を表したのが**図表5−2**に

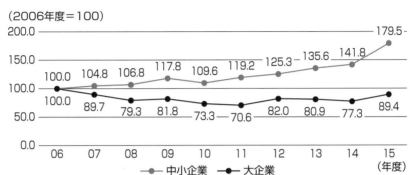

図表5-1　企業規模別の買収により子会社・関連会社が増加した企業数の推移

（2006年度＝100）

（注）　1　中小企業の定義は中小企業基本法の定義による。
　　　　2　それぞれ国内の子会社・関連会社を買収により1社以上増加させた企業数を示している。
資料：中小企業白書（2018年）

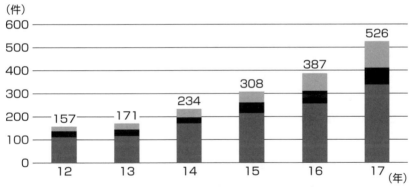

図表5-2　上場3社の中小企業のM&A成約組数

（注）東証1部上場の中小企業向けM&A仲介企業3社の公表値等より中小企業庁作成
（https://www.chusho.meti.go.jp/pamflet/hakusyo/H30/h30/html/b2_6_2_2.html）
資料：中小企業白書（2018年）

なります。2012年の157件から2017年の526件と，実に3倍近くへと急速な伸びを示しています。

　また，最近は，個人事業主でもM&Aを選択しています。個人事業主でも廃

業にはコストがかかります。M&Aで事業を売却すれば，逆に収益を得ることができますので，有力な選択肢の一つです。

さらに興味深いことに，最近はM&Aがサラリーマンの転職の一つの手段であるという認識が出てきています。別会社に転職するのではなく，M&A市場に売りに出されている会社を買って，社長に転進するという話です。近年，M&Aがブームになっているとマスコミでも盛んに取り上げられており，M&Aに対する抵抗感が少なくなっていることが追い風になっているのでしょう。M&Aで売却する中小企業が増えていることから，300万円程度でも会社を買うことができるようになっていると言われています。

また，小さい規模の企業が戦略的に他社を買収して，規模を大きくするケースも増加しています。M&Aの市場に出ている企業の中でも比較的大きな企業は1割程度で，残りのほとんどは中小零細企業と考えられます。規模が比較的小さい企業がそのような企業を買収することも可能です。M&Aによってそれまで自社とは関係のない事業へと進出することも可能です。もちろん，同業の会社を買収しても，仕入れの効率化などにより規模を拡大するメリットも大きいでしょう。そうしたメリットを実感し，利益を得た会社が，さらにM&Aを進めるという動きも出てきているようです。

2　M&Aの種類

M&Aの形態は，大きく2つに分けることができます。

A．会社全体を売却・譲渡する形態

B．会社の事業の一部を売却・譲渡する形態

Aは，従業員の雇用が守られ，取引先との関係がそのまま引き継がれる点でメリットがあります。ただ，売り手の会社に簿外債務や不要な資産などがあった場合，買い手の会社は，それを引き継がなければなりません。逆にBは，全ての従業員の雇用が引き継がれないかもしれませんが，不採算部門を切り離して，優良事業を引き渡すことができます。そのため，買い手企業にとって受け入れられやすいものになります。

　会社全体を譲渡するM&Aで一般的に使われている手法は「株式譲渡」です。売り手企業の株主が所有している株式を買い手企業に売ることによって，経営権が移ります。売り手企業の株主は株式の売却益が入るメリットがあります。また，株式の譲渡を伴わない方法として合併があります。これは企業同士を一つの企業に統合する方法です。特に，引き受け側の会社を残し，もう一方の会社を買い手企業に吸収させるものを「吸収合併」といいます。

　企業の一部のみを譲渡する形式が「事業譲渡」です。会社を事業の部門別や店舗ごと，あるいは工場と本店などに切り分けて個別に売却する方法です。事業承継を念頭に置いていない企業にとっても，経営資源を集中させるため，集中させる事業以外の部門を売却することはよく行われています。買い手企業にとっても，自社の事業に合致した部門のみを取り込むことができるため，成長戦略を描きやすくなります。

　経営者がM&Aを念頭に，支援センターなどに相談をする場合でも，最初は，細かな事業計画書は必要ありません。ただ，少なくともM&Aによって，会社をどのようにすべきかに関する優先事項や方針は，あらかじめ決めておくことが重要です。まずは会社を残すことが最優先なのか，従業員全員の雇用の維持を前提とするのかなど，M&Aによって実現する最優先事項は何かということです。これによって，M&Aの形態が絞られてきますので，相談を受ける側も具体的な提案ができるようになります。

　前述のように，M&Aは事業承継だけが目的という訳ではなく，事業の集中あるいはシナジー効果を得ることも重要な動機付けになります。その場合でも，事業の一部のみを売却すべきなのか，会社を全部買い手企業に受け継いでもらうのかを想定しなければなりません。売却後に経営者が会社に残ることも最近は増えているようです。そこで，会社売却後の経営者自身の処遇を優先する場合もあるでしょう。

　支援者がM&Aのアドバイスをする上で重要なことは，経営者に対してM&Aのメリットとデメリットを整理し，提示することです。会社を売却する率直なメリットとして，まず挙げられるのは，経営者に売却益が入ることです。

高年齢の経営者にとっては，退職金に該当する収入が得られることもあります。もちろん，従業員や取引先の関係をそのまま残すこと自体にも大きな意義があり，経営者にとっても大きな安心につながります。

　実際，売却後も従業員の雇用を維持する，あるいは取引先との関係を継続することが確約されるかどうかは，M&Aにおいて経営者側の重要な判断基準の一つです。廃業するよりも良いかもしれませんが，確約がないままM&Aを実施して，従業員が再雇用先を探すようなことになると，現経営者としても容易に賛成できません。

　株式売却によって経営権は買い手企業に移りますが，経営者自身が役員として何年か会社に残ることも一つの選択肢として考えられます。この場合は，支援者も数年間は適宜支援を行える体制をとることが望ましいです。会社の規模にもよりますが，会社の意思決定や円滑な運営にとって，旧経営者の役割が大きい場合があります。例えば，取引先とのトラブルなどが発生したときに，旧経営者が大いに活躍するといった場合などです。ある意味，経営者自身の存在が売り手の会社の重要な知的資産とも言えます。支援者には，このようなケースがあることも助言しつつ，事業承継後も会社がよりよく運営できるように努めることが期待されます。

　買い手企業側も，事業承継後に速やかに事業運営ができるのか否かは当然気になります。そのような環境を整えていないと，買い手企業側がM&Aを断念しかねません。

3　M&Aの最初の支援は仲介事業者の選定

　M&Aの一連の流れを図表5−3に示します。売り手企業が買い手企業の調査・分析全てを自社で行うことは稀です。基本的には，買い手企業のデータを持つM&A仲介事業者ないしはアドバイザーに調査・分析を依頼することになります。この点を踏まえると，売り手企業の支援者としては，その実情に応じて，最適な仲介事業者の選定に関してアドバイスすることが期待されます。

　仲介事業者には，従来から積極的に事業展開をしている大手のM&A仲介業

図表5-3　M&Aの業務フロー

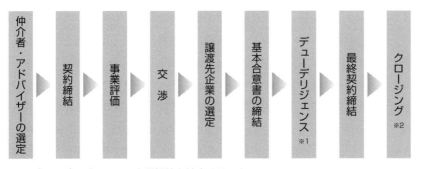

※1 デューデリジェンス：企業価値を精査すること。
※2 クロージング：売買取引が完了すること。

者に加えて，マッチングサイトや公的支援機関などがあります。特に，近年，M&Aへのニーズが拡大するのに伴い，マッチングサイトが大きく増えてきています。マッチングサイトでは，一般に会社・事業を売却したい売り手企業がWEBサイトに売却内容と希望売却価格を登録します。一方，購入を希望する買い手となる企業あるいは個人はサイトを検索して条件にあった売却企業を探します。近年では，3万以上の登録企業を有するTRANBI（トランビ）など，著名な大手マッチングサイトが出てきており，急激に成約件数が伸びてきています。昨今は，単なるマッチングを行うだけでなく，コンサルティング的な機能も付加されていて，金融機関と業務提携する業者も増えてきています。これらのマッチングサイトを活用するメリットは，手数料が安いことです。中には着手金が必要なサイトもありますが，売買成立時に売買価格の3％前後の手数料のみのサイトが主流です。最近は税理士会と積極的に提携し，税理士が提供する情報をマッチングに役立てる取組みなども行われるようになってきました。

　一方，M&Aを対面で支援する公的な機関として，事業引継ぎ支援センターがあります。これまではM&Aのニーズが大きくなかったため，こうした支援機関を利用するのは，比較的規模も大きくて資産もあるような企業が多い傾向にありました。しかし，近年はM&Aの裾野が広がり，中小規模の企業も多数相談に訪れるようになっています。その分，M&Aのニーズも細分化してきて

いますので，支援機関の役割も大きくなってきています。このような支援機関に相談するメリットは，状況に応じて柔軟に対応してくれる点にあります。特に公的機関の場合，いわゆる「前捌き業務」があり，買い手企業を探す前に，売り手企業の相談に乗り，M&Aの前段階の様々な相談が可能です。M&Aの仲介者というよりも，「アドバイザー」としての立ち位置であるとも考えられます。その意味では，まだM&Aが最善の選択肢であるかが決まっていない状態で相談に行くことも一案です。公的な支援機関の場合は，快く受け付けてくれます。このような相談をした後に，会社売却という方針を決めて，別の機関にM&Aを依頼することも可能です。

　以上のように，M&Aの仲介事業者は多数あり，多様な支援パターンがあります。いきなり大手のM&A仲介業者に行くよりは，公的機関あるいは小規模の事業者に相談に行く方が親身になってくれるかもしれません。あるいは，すでに会社の売却の方針が固まっているのであれば，豊富な情報に基づき，市場価値を確認するため，早めに大手のM&A事業者に見てもらうのも一案です。また，売り手企業の規模が中小零細で，M&Aにかかる手数料などのコストを重視するのあれば，M&Aのマッチングサイト活用が良い選択肢になるかもしれません。

　M&Aには専門的な知識が必要なため，事業承継の支援者が全てをアドバイスできるわけではありません。ケースバイケースで，最適な仲介事業者と連携するやり方が良いと思います。また，M&Aの契約後の支援も重要なため，経営全般に精通し，その後の成長に貢献できる専門家なども必要な場合があります。支援を1人で行うというよりも，大きな一つのプロジェクトとして，最適なチームを組むという視点も重要です。

　実際に，あまり経営コンサルティングなどにコストがかけられない中小零細企業であっても，M&Aとなると相応の金額になることも少なくありません。その金額に見合った成果が得られるかがM&Aの成否を決めることとなるため，M&Aのマッチングを専門家に任せ，あとの経営は買い手企業の経営者に一任するというのではなく，複数の支援者でチームを組んでM&Aを支援するとい

う姿勢が望ましいと考えられます。

4　仲介事業者との基本合意契約書と秘密保持契約書

　仲介事業者を選択した後は，仲介事業者とM&A仲介業務の契約を結ぶことになります。その際，仲介事業者との本契約（基本合意契約書）と同じく重要なのが秘密保持契約です。M&Aの仲介を依頼するためには，会社の事業内容や決算書の数字，従業員や主要取引先などの情報を仲介業者と共有する必要があります。また，売り手企業においても，ごく一部の役員や従業員を除いて，M&A交渉を進めていることを秘密にすることが多いです。そのため，秘密保持契約もM&Aの最初の段階で締結します。

　秘密保持契約では，第三者に対する情報の秘匿義務や，情報の管理に関する条項が設定されるのが一般的です。そこで，どこまでの情報を仲介者に提示してよいのかという範囲を明確に事前に決めておく必要があります。

　仲介事業者との契約には，仲介事業者が買い手企業に売り手企業を紹介し，契約の仲介まで行う「仲介契約」に加えて，売り手企業が自社に適した買い手企業を探すための情報提供のみを行う「アドバイザリー契約」があります。図表5－4にイメージ図を示しました。

　仲介契約の場合，仲介事業者は売り手企業及び買い手企業側とも秘密保持契約を結んでいます。それゆえに，仲介事業者は買い手企業側に売り手企業の情報をある程度伝えることが可能になります。一方，アドバイザリー契約の場合，仲介事業者は基本的に売り手企業あるいは買い手企業のどちらかのみと契約を行います。M&Aを支援する事業者の中には，図表5－4に示す一連の業務の中の一部のみを担っている事業者も多く存在します。例えば，アドバイザリー契約の一例として，マッチング時のアドバイスのみを行って，それ以降の売り手企業と買い手企業の交渉には直接関与しない事業者もいます。そのため，具体的には，仲介事業者の業務内容やこれまでのM&Aの実績，業務範囲，成約報酬となる手数料の概算などの情報を収集しておくことが望ましいと言えます。少なくとも，複数の仲介事業者を例に出して，どの事業者にどのようなメリッ

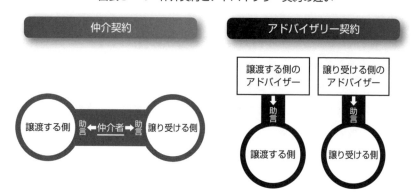

図表5-4　仲介契約とアドバイザリー契約の違い

ト・デメリットがあるのかなどを含む情報を経営者に提示することが必要です。

　実際にM&Aの作業を開始すると，売り手企業側の支援者には，買い手企業側と秘密保持契約を結んでいない場合，詳細な情報は開示されないことが想定されます。そのため，経営者及び仲介業者の判断にもよりますが，支援者がより深く支援をするのであれば，秘密保持契約を結ぶことが求められます。

第2節　M&Aにおける経営支援

1　支援者として行うべき事業評価と磨き上げ

　M&Aにおける売り手企業は，会社の状況を示す詳細な資料を仲介業者に提出しなければなりません。その資料を提出する前に，可能であれば，支援者が経営者とともに会社の「磨き上げ」を行うことが望ましいです。

　当たり前ですが，会社の価値を高めた方が売却する際に高値がつきます。そこで，支援者にとって重要なことは，会社の事業価値を正確に判断するとともに，何によってその会社の価値を高めることが可能なのか，多面的な視点から分析・提案することです。

　薬局の例を考えてみましょう。近年は，街にある薬局も必ずしも経営が安泰とは言えないようです。例えば，立地が良くても過当競争にさらされてしまっ

たり，すぐ近くにある病院が閉院したりすると，薬局の売上げは大きく減ってしまいます。このような場合，チェーン展開する大手薬局に売却するという考え方もあります。また，中小規模の薬局の場合は売却価格も高くないので，個人で薬局を買収するケースも増えているようです。そのような状況の中で薬局の価値を高めるためには何が必要でしょうか。まずは，売上げを上げるためには顧客である患者さんに多数来てもらう必要があります。そのためには他の薬局との差別化が重要です。あるいは，売上げが変わらなくても，コストを下げることで収益は上がります。仕入れや在庫管理を見直すことでコスト削減ができるのであれば，企業価値は上がります。

　一般的に，会社の価値を算定する際，「営業利益の3年分＋純資産額」を相場とする考え方があります。単年で300万円の営業利益で，資産として保有する設備の資産価値が700万円であれば，営業利益3年分の900万円に設備の700万円を加え，合計1,600万円となります。これがM&Aにおける交渉のベースになります。もちろん，これに加えて，買い手企業が別のシナジー効果を見込んでいる場合，さらに高い価格が算定されることになります。

　売り手側及び買い手側の企業の経営者としては，この数字を一つの目安にすることができます。ただ，資産価値は簿価でなく時価で算出するので，税理士などの専門家に依頼することになります。

　会社の評価について，これまでのM&Aでは資産評価を重視する傾向にありました。しかし，近年は，事業性の評価の比重が高くなってきています。その会社の事業の将来性に対してお金を出そうという方針に変わってきているのです。その点では，現在の資産価値よりも将来の収益の見込みが重要と言えます。

　また，前述のように個人が会社を買収しようとするケースも珍しくない時代になってきました。これは売り手企業にとっては，大きなチャンスです。

　個人が企業の買い手になるというのは少し想定しにくいかもしれませんが，成功しそうな事業であれば，銀行がその個人にお金を貸してくれるケースも増えてきています。もちろん，金融機関が融資する場合には，当人の経歴なども確認します。信用に関する情報だけでなく，事業に関連した仕事をした経験な

ど，買収しようとする会社の事業との親和性も判断材料になります。また，もし黒字の会社を買収するというのであれば，入ってくる営業利益を原資にしてお金を借りる方法もあります。国を挙げて，事業承継を支援していることから，銀行からの融資も広がっている状況です。

実は，国の人材バンクにはM&Aで社長になりたい個人のビジネスマンなども登録されています。この点は，事業承継の支援者としては知っておくと良いと思います。もちろん，銀行などの金融機関もM&A事業の専門部署があることが多く，買い手企業の情報を持っていますので，そのような部署との情報交換も重要です。

2　数字として見えない長所の明確化

当たり前ですが，会社を一つにするというのは大変な作業です。例えばまず，企業文化が大きく異なります。また，仕事の進め方も大きく違う場合が多いでしょう。ただこの部分に関する支援を行う事業者やコンサルタントは必ずしも多くはありません。中には，買い手企業の経営者が売り手企業の経営者から事業に関するマニュアルだけ渡されて引継ぎは終わりというケースもあるようです。このような場合，新しい経営者が新体制を軌道に乗せて，その後事業を成長させるのは大変苦労します。

M&Aの事業者でも，M&A後の事業の支援にあまり力を入れていないケースも見られます。もちろん，M&A仲介は，それ自体が専門性の高い業務であり，M&A完了後の支援は別の専門性が必要なため，致し方ない面もあるかと思います。むしろ，この点を踏まえれば，事業承継の支援者が大きく期待される場面と言えるのかもしれません。支援者としては，事業承継後の経営を滞りなく進めることができる環境を整えることが望ましいということになります。

例えば，ある薬局では，お年寄りが薬を取り忘れることが多くなってきているため，薬剤師さんが接客に力を入れていました。それにより，リピーターが増え，目の前にある病院以外からも患者さんが来るようになったそうです。薬剤師さん自身は当たり前のことだと思ってやってきただけなのですが，客観的

に見れば十分な強みとなります。支援者は，このような第三者から見た強みを見出し，他の社員の方々にも共有できるように支援することが必要です。

　支援者は，事業承継全体を支援するため，事業承継計画を経営者と一緒に作成し，共有することが望まれます。事業承継計画については，第7章で説明しますが，長期的な視野に立って，事業承継のプロセスの中でブラッシュアップしていくことが良いと考えられます。

3　磨き上げには時間がかかる

　会社の磨き上げができれば，経営者にとって，あるいはその会社で雇用されている従業員にとって，メリットのあるM&A交渉をすることができます。客観的に「いい会社」になれば買い手企業の候補が増え，売却条件も良くなり，交渉に有利です。

　ただ，経営者のみならず，支援者も留意しなければならないのは，磨き上げには時間がかかるということです。最低1年，場合によっては数年の期間が必要です。会社としての「定量的な資産」の価値，すなわち利益率や売上げを把握することは比較的簡単ですが，今後の成長を促す「定性的な資産」の価値を把握し，その価値を「高める」には時間がかかります。業務の効率化も，組織のプロセスを正確に把握した上で実施することになるので，時間がかかるでしょう。そのためにも，支援者は「見えない資産」を「見える化」することが重要になります。

　例えば，古参の従業員が多いことは，その事実そのものが重要な会社の資産かもしれません。そこで，なぜ，従業員が長期間働いてくれるのかの要因を明らかにする必要があります。その上で，「長期間働ける雇用環境が確保されている」要因やその背景にある企業文化を明文化することが求められます。このように，「なぜ」という疑問を持って要因を明確にするようにしていけば，企業価値を向上するための方策にもつながります。

　また，経営状況を調査していく中で，現社長のトップダウンによる意思決定がその企業の強みになっていると判断されるケースがあります。社内の従業員

にとっては，当たり前のことですから，あまり意識していません。そこで支援者は，トップダウンの強みを明確にし，その要因も探求します。トップダウンが可能になっている要因として，「経営理念」が浸透し，強みになっていることも考えられます。その場合は経営理念を明文化することが重要です。もちろん，これまでも経営理念があり，それが浸透していることで何も問題が無かったため，それを改めて明文化しても何も変わらないと思われるかもしれません。ただ，それは，経営者や従業員の頭の中だけにあったものであり，第三者からはわかりません。そこで，経営理念が自社の強みであることを改めて明確化することによって，従業員の意識改革にもつながり，また，第三者にも同社の強み，すなわち価値を高める要因が見えるようになります。

4　事業評価以降〜買い手企業の選定から成約までの流れ

　売り手企業の経営者に利益をもたらすための事業評価・磨き上げを適切に行うことができれば，M&A前の支援者の役割はほぼ果たしたといってもよいでしょう。実際にM&Aの段階に入った後は専門の事業者の役割が大きくなりますが，可能であれば，M&Aの開始から終了までの段階，さらにはM&A後の支援も行うことが期待されます。

　特に，買い手の企業としては，今後の成長を期待してM&Aを実施したと考えられます。そのため，可能であれば成長戦略に向けた支援が望まれます。M&Aにおける支援者の具体的な役割について，簡単に説明しましょう。

（1）買い手企業の選定

　当たり前のことですが，売り手企業は，仲介事業者と話し合いをして売り手の意向を理解してもらうことが重要です。ただ，率直な意見を言わない，あるいは言えない経営者も多いようです。そこで，第三者である支援者が同席して，売り手企業としての意向を伝える補佐役を担うことも有効と考えられます。その上で，仲介業者は買い手企業の条件を共有し，それに合致した企業のリストを作成します。

　仲介事業者がリストを作成したら，経営者はそのリストの中から買い手企業を選定していきます。ここでも第三者としての支援者の役割は重要と考えます。買い手企業の候補を絞り込み，優先順位を付けていきますが，その優先順位の付け方がわからない経営者も少なくありません。この優先順位ができれば，それに沿って，仲介事業者は買い手企業に打診していくことになります。

（2）買い手企業との交渉

　仲介事業者は買い手としての優先順位を付けた順に，買い手企業に接触していきますが，必要に応じて，買い手企業とも秘密保持契約を結び，売り手企業の詳細な情報を開示します。それに伴い，買い手企業の意向を汲んで調整していくことになります。

　可能であれば，支援者には，仲介事業者から経緯を聞くとともに，その進捗に応じて，売り手企業の経営者と密接なコミュニケーションをとりながら助言を行うことが期待されます。当然ながら，会社を売却した経験がある経営者はほとんどいませんから，経営者としては不安なため，第三者としての支援は重要です。

　また，マッチングサイトを利用した方が手続きは比較的簡単です。ただ，コストは安いですが，丁寧なサービスは受けられません。そのため，支援者には，仲介企業に依頼するよりも，より詳しい支援をすることが必要になります。M&Aは単なる売買ではなく，売却後の経営方針，特に取引関係や従業員の維持など様々な要素が複雑に関係するため，丁寧な対応が求められます。

（3）M&A基本合意書の締結

　当初は仲介事業者を挟む形で買い手企業の意向を聞きますが，買い手企業が売り手企業に対して関心を持ち，条件も概ね受け入れ，M&Aに応じる意向が確認できたら，売り手企業と買い手企業の当事者間同士の交渉に移ることになります。そして，双方がM&Aに概ね合意に達した後に「基本合意書」を締結します。

一般的に，基本合意書に盛り込まれる主な項目は，以下のようなものです。

【M&A基本合意書の項目】

・評価後の売却価額

・経営者の進退や役員・従業員の処遇

・M&A成立（最終契約締結）に至るまでのスケジュールと，双方の実施事項の確認

・株式売却・譲渡価格などの金銭的な条件

・M&Aが成立しなかった際の処置など

（4）デューデリジェンス

　図表5-5に売り手企業の資産評価を行うデューデリジェンスの際に検討する項目を列挙しました。もちろん，これだけではないですが，支援者として，経営者とともに最低限チェックすべき項目を挙げています。これらの資産に関わる評価項目は必ず評価されるため，事前に検討しておく必要があります。

　また，買い手側の企業は，M&Aの最終段階で事業計画書を確認することになります。投資対象ですから，今後の計画を知りたいと考えるのは当然です。そのため，売り手企業の事業計画書がない場合は買い手企業から作成を求められます。買い手企業が行う「事業デューデリジェンス」の一環として必要です。

　事業のデューデリジェンスでは，売り手企業の経営環境，事業内容などを詳細に調査し，財務状況・収益力について分析を行います。つまり，企業経営の実態や事業運営の手法を正確に把握し，今後の可能性を分析します。もちろん，法務面での問題点・リスクを洗い出すことも必要です。専門的な知識が必要なため，買い手企業が専門家を活用して分析することが多いようです。

　一方，売り手企業側には，一般にはそのような経験がありません。特に中小企業の経営者には，事業評価に対応するべき作業を行った経験がない場合の方が多いのではないでしょうか。長期の事業計画書もないケースも想定されます。そのため，支援者には，経営者と相談しながら，事業評価に必要な書類を揃え，事業計画書を作成することが求められます。

図表5−5　デューデリジェンスにおいて検討すべき資産項目

【貸借対照表】

現金・預金	帳簿残高と実際残高が一致しているか。 （対応）両残高の確認。
売上債権	連絡先の不明な債権はないか。回収の難しい債権がそのままになっていないか。 （対応）回収不能額の把握。
棚卸資産	滞留している不良在庫が通常在庫の評価となっていないか。 （対応）不良在庫の確認と時価の把握。
貸付金	回収の難しい貸付金・未収入金がそのままになっていないか。 （対応）回収不能額の把握。
土地	帳簿価格が時価と大幅に乖離していないか。 （対応）時価の把握。
建物	経営者しか使用していないような施設はないか。減価償却を毎期継続して適用しているか。 （対応）経営者による買取り検討。適正な減価償却の確認。
機械	不稼働設備を処分せずそのままにしていないか。減価償却を毎期適正に継続して適用しているか。 （対応）適正な減価償却の確認。
ソフトウェア	業務改善等に合わせて、システム更新を行っているか。 （対応）適切なシステム環境の更新。
有価証券 ゴルフ会員権	取得価格を記載している場合。 （対応）時価の把握。
積立保険金	満期はいつ来るのか。解約を検討しているか。解約済みのものが含まれていないか。 （対応）解約返戻金の計算。
賞与引当金 退職給付引当金	引当金を適切に計上しているか。 （対応）規程に基づく引当金の計算。
仕入債務	連絡先の不明な債務はないか。債権との相殺忘れ等から債務がそのまま残っていないか。 （対応）実際の債務の把握。
未払金，借入金等	簿外となっている未払金，借入金等はないか。 （対応）正しい負債金額の確認。

【損益計算書】

売上高	純額（手数料収入）とすべきところを総額で計上していないか。
売上原価	原価性のないもの，合理性のないものが含まれていないか。棚卸資産の評価方法は適切か。
販売費・一般管理費	会社の経費でない費用が含まれていないか。
営業外収益	合理性のない経営者からの収益はないか。
営業外費用	売上原価や販売費・一般管理費に計上すべきものが含まれていないか。 売上げに減額すべきものが含まれていないか。
特別利益・特別損失	計上すべき妥当なものが計上されているか。
税効果会計	法人税等調整額が適正に記載されているか。
企業評価に影響を与える項目	役員報酬，経営者保険，家賃地代等。

ここで，支援者の重要な役割として，一つ触れておかなければならないことがあります。それは事業リスクの低減です。特に買い手企業が気にする大きなリスクとしては，回収が不能になっている債権はないか，簿外債務はないか，といった点です。また，M&Aを機に，経営者や従業員が退職することも想定されますが，その場合には退職金も用意しなければなりません。さらに，財務諸表上に記載されている会社の資産価格についても評価額の妥当性を調査されるため，こうした点を含めて事前に確認しておくことが望まれます。

　また，売り手企業の業務内容によっては，労働関連法や個人情報保護法，知的財産権侵害などの法的な調査も行う場合があります。職場のハラスメント，顧客からのクレームなども潜在的なリスクです。支援者は，可能であれば事業評価の段階で，早期にこういったリスク要因を洗い出し，リスクマネジメントによりリスクを低減させる計画を買い手企業に説明できるように支援することが重要になってきます。

　売り手企業が中小企業の場合は，会計帳簿や各種規程類などが整備されていないケースも少なくありません。こうした書類やデータ類の整備も，支援者が経営者に対しアドバイスをして準備を進めておくことが重要です。

　債務超過の場合は，事業再生協議会に相談するのも一案です。事業再生協議会とは，債務超過企業を立て直す支援を行うための公的機関です。実は，債務超過の企業であっても，資産があったり，従業員がいたりするなどの場合には，企業価値が高いことがあります。さらに，仮に債務超過で企業価値がつかない場合でも，M&Aが全く成立しないということではありません。買い手企業にとって，必要な事業である場合には，状況を精査して，交渉可能です。

　中小企業の中には，業績は黒字なのに債務超過になっている例もあります。例えば，経営者が長期貸付でお金を貸し付け，債務超過になっているケースもあります。長期貸付の貸付金を返してもらえば，税金はかかりませんし，会社にとっては，資金が調達できると同時に財務諸表の数字も整うことになります。

　なお，債務が多すぎる場合の対応策としては，事業再生なども考えられ，場合によっては，支援者としては廃業も視野に入れてアドバイスをするべきかも

しれません。廃業にも段階があり，人員整理，民事整理，破産は，それぞれの正式な手続きを踏んで行わなければなりません。銀行の債務だけなら交渉の余地もあるかもしれませんが，税金の滞納があると廃業しか選択肢がないケースもあります。

（5）最終契約締結

買い手企業が事業のデューデリジェンスを行った後に，その過程で見つかったリスクや事業の見通しについて，双方がその対応策を含めた話し合いを行います。交渉がまとまり，M&Aについて最終的に合意が得られたら，譲渡契約書を取り交わすことになります。

この売買契約書の主な内容は，以下のようなものです。

① 譲渡契約の対象内容（株式＝事業全体か一部の事業譲渡か）

② 最終的な譲渡価格

③ 株式の譲渡時期と対価の受け渡し方法

④ 経営者・役職員・従業員の処遇

⑤ 各種の表明及び保証（双方が当該取引を実行する能力を有していることの確認，譲り渡し企業が潜在的問題も含め開示していること，他に瑕疵がないことの確認）

⑥ 遵守する事項

⑦ 補償に関する事項

⑧ 解除に関する条項

支援者は，専門家とともにこうした内容に過不足がないかを確認し，経営者に対してアドバイスを行うことが求められます。

（6）クロージング

譲渡契約書を取り交わした後に実際に株式等の譲渡や経営者に売却対価が支

払われることにより，M&Aは完了します。法的な手続きに関しては，粛々と仲介事業者や専門家に任せることになります。例えば，資産の一部がリースであり，買い手企業がそのリース契約を引き継ぐ場合は，連帯保証人の変更が必要になるなどの手続きが発生します。こうした細かい事項にも対応しながら，M&Aは進められていきます。

　支援者の重要な役割は，法的な手続き以上に，従業員に対する説明と新体制への移行準備をサポートすることです。新体制に移行することに従業員は必ずしも前向きではないことも多いでしょう。このような状況に対して，新体制への移行が今後の成長のための前向きな経営判断であることを第三者の立場から説明する必要があります。従業員に十分に納得してもらい，新しい経営体制の下で働いてもらうことが不可欠です。そのためにも，M&Aの意義を社内に浸透させていくことが重要です。また，経営者が引き続き顧問などとして新組織の経営に関わる場合には，その意義を従業員に伝える方が良いでしょう。

　また，この機会に従業員の教育を行うのも望ましいと考えます。M&Aとなるとどうしても従業員の間に混乱や動揺を招くので，時間がかかっても実施すべきです。中小企業の場合，特にマネージャーなど管理職の教育があまり行われていないケースも多く見られます。M&Aを機会に管理職の教育を行い，M&A後の成長に貢献するマネージャーを育てていくことも支援者の重要な役割です。

第6章

法務の支援

第1節　事業承継の法務とは

　事業承継を具体的に実行するには，様々な法律が密接に関わってきます。事業承継とは，会社の経営権が現経営者から後継者に譲渡される事象を指しますが，支援者としては，その事象を実現するために，どのような手続きが必要になるのかを考え，事案に即した法的な手続きを知っておく必要があります。ここで，会社の経営権の譲渡の方法としては，大きく分けて次の2通りが考えられます。

①　会社ごと譲渡する方法＝株式の譲渡

②　事業のみ譲渡する方法＝事業の譲渡（いわゆる営業譲渡）に，会社設立や会社分割の組み合わせ。

　本章では，これらの手続きの具体的な進め方を概観していき，付随・派生する法律上の論点を見ていくことにします。

第2節　会社ごと譲渡する方法

1　株式の譲渡

　株式とは，株式会社に対する出資者の地位であり，細分化された出資単位の割合と定義されます。株主は，株式会社に出資すると，原則として出資金の払戻しを受けることはできません。そのため，株主が投下資本を回収するためには，第三者に譲渡して売却代金を受け取るよりほかないため，株式には自由に譲渡できる特性があります（会社法127条）。また，株式の自由な譲渡が行われるためには，株式の価値が明確なことが望まれます。そのため，株式には，出資した以上の金銭的な負担を負わないという有限責任の原則があります（会社法104条）。

　例えば，100万円を出資してA会社を設立した甲野社長が，B銀行から500万円を借り入れて事業を行い，A会社に赤字が累積しているような場合を考えて

みましょう。この場合，A会社が500万円の返済をできなくなったとしても，株主である甲野社長が負うリスクは，自己が出資した100万円が戻ってこないという間接的なリスクのみであり，B銀行に対して直接に返済の義務を負うことはありません。つまり，出資限定という形でリスクの範囲が明らかになっているので，株式は市場で売買することが可能となるのです。そのため，貸主は，出資以上の責任を追及したい場合には別の手段を講じる必要があり，その典型が個人保証を要求することです。この場合，B銀行はA株式会社に対する貸付金500万円の回収を保全するために，甲野社長から個人保証を差し入れてもらうことが考えられます（**図表6－1**）。

図表6－1　保証契約の当事者

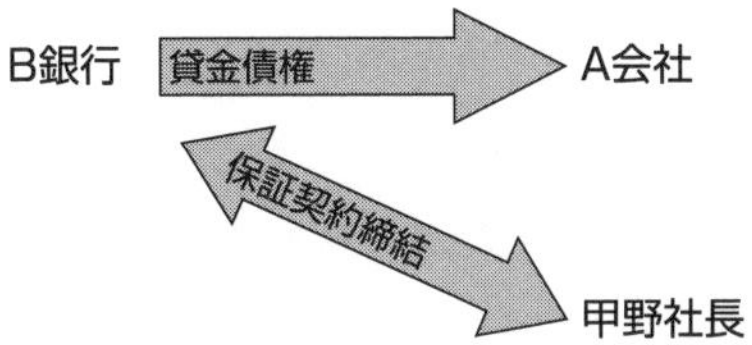

B銀行　貸金債権　→　A会社

保証契約締結

甲野社長

保証人は，他人の債務を負担する例外的な立場にいる。
＝保護の必要性＝裁判所は保証人に同情的

　甲野社長が自ら経営するA社の保証人になるのは当然のことと思われるかもしれません。しかし，保証人になるということは，自分の債務ではなく，他人の債務を肩代わりする例外的な立場に立つことを意味します。会社の債務と経営者個人の債務は区別しなければなりません。過去には，友人や親族等からの依頼で保証人になった者に対する苛烈な取立てが横行し，不幸な事態を招くことが見受けられました。そこで，保証人を保護する必要性を重視し，保証契約の成立を限定する法改正がこれまでにもなされてきました。2020年4月1日から施行された改正民法においても，保証人の意思を公正証書の作成によって確認するなど，保証契約の成立要件の変更が大きな改正点となっています。

　事業承継が進まない理由として，後継者の不在が挙げられていることは本書の各章でも述べています。しかし，後継者候補が見つかったとしても，事業の

承継だけではなく，金融機関等から「個人保証の承継」を要求されることが事業承継の大きな阻害要因となっており，昨今では個人保証の承継を求めない動きも高まっています。この点，日本商工会議所と一般社団法人全国銀行協会を事務局とする「経営者保証に関するガイドライン研究会」の特則が2019年12月24日付で公表されました。このガイドラインでは，現経営者と後継者の双方から二重に保証を求める「二重徴求」を原則として禁止し，また，後継者に対して経営者保証を求める場合にも「総合的な判断として経営者保証を求めない対応ができないか真摯かつ柔軟に検討することが求められる。」と規定しており，事業承継は個人保証そのものを見直す契機にもなってきています。

2　株式譲渡に関する同意の確保

　株式は，自由な譲渡により投下資本の回収が保証され，いわゆる上場株式は，市場で売却することにより回収が実現できます。一方，中小企業を代表とする非上場会社では，株式の譲渡を制限し，取締役会や株主総会の承認を得ることを条件とする定款の規定が多く見受けられます。なぜ，このような違いがあるのでしょうか。

　株主は，株主総会での議決権行使を通じて，会社の経営の意思決定を最終的に行う立場にあります（会社法105条1項3号）。また，株主は，原則として1株について一つの議決権を有します（会社法109条1項）。したがって，複数人いる株主の議決権行使の足並みが乱れると，決議を通じた会社の意思決定が行われなくなり，議決権が真っ二つに分かれれば，物事が何も進まない"デットロック"の状態に陥ることになります。そのため，誰が株主になるのかが中小企業の経営にとっては最大のポイントとなり，会社の関与なしに新たな株主が登場することを防ぐ必要が生じます。そこで，多くの中小企業では定款に「当会社の株式を譲渡するためには，取締役会の承認を要する」などの規定を設け，会社にとってふさわしくない者への株式の自由な譲渡を認めないこととしています（会社法107条2項1号イ）。

　株式譲渡制限規定を設けている会社では，譲渡を希望する株主が会社の承認

を得られなければ，その株主と会社との利害が対立することになりかねません。会社における承認者が誰かは定款の規定によって異なりますが，株主総会・取締役会・代表取締役などが規定されています。したがって，支援者は事業承継のための株式譲渡を円滑に進めるためには，会社関係者の同意を取り付けることが必要不可欠となることを意識しなければなりません。

　例えば，代表取締役である現経営者が子息に株式を譲渡するケースで，取締役会が承認機関となっているような場合には，他の取締役の同意の有無により，株式譲渡が進まなくなる可能性があります。取締役会決議の成立には，取締役の過半数が出席することが求められ（定足数），出席した取締役の過半数の賛成が必要になりますが（決議要件），議長が特別な利害関係者となる場合は定足数に参入しません（会社法369条1項，2項）。

　このような場合，例えば取締役が5名の会社では，利害関係を有する議長を除く4名のうち3名の出席があれば取締役会は成立し（定足数），その過半数である2名の賛成があれば取締役会の決議は成立します（決議要件）。これは，株式の譲渡人である現経営者と反目する取締役が2名存在すれば，株式譲渡が承認されない可能性があることを意味します。そのため，誰を取締役に任命するかについても，事業承継後の経営体制を見越して検討しておく必要があります。一定の年齢に達したことなどを理由に辞任を促して会議体をスリム化するか，逆に，後継者の就任後の円滑な議事運営を考慮して，後継者の右腕候補をあらかじめ取締役に選任しておくことなどが必要になります。

3　株主の把握

　株式譲渡の承認機関が，取締役会ではなく株主総会となっている場合には，どのような問題が生じるでしょうか。特に，事業承継に関連した議案を決議する中小企業の株主総会では，誰がどのような株式をどの程度保有しているのかが問題となり，いわゆる「名義株」の帰属が決議の成立に影響を及ぼすことになります。

　まず，名義株とは何なのかを考察していきましょう。名義株とは，会社の株

主名簿に記載された株主と実質株主が相違している株式をいい，出資者が自分の名前で株主になることを嫌い，他人の名前を借りるようなケースで登場してきます。なぜ，このようなケースが問題になるのか不思議に思われる方も多いと思います。これには，商法・会社法の旧規定の存在が関連しています。

平成3年の商法改正以前までは，株式会社の設立に際しては7名以上の発起人が必要であり，各発起人が設立時の定款に市区町村登録の個人実印を捺印し，印鑑証明書を添付して公証役場で公証人の認証を受けることが求められていました。そして，発起人は1株以上を引き受けることが要求されていたため，会社を設立しようとする経営者が「お金は出すから，発起人として名前を貸してくれ」と知り合いに持ち掛け，名義を借りることが多く行われていたのです。

このように，現在から30年ほど前に設立された会社では，出資はしていないが名義だけを貸した株主が存在している場合が多く見受けられます。そして，経営者自身が会社の株主であることを第三者に主張するには，株主名簿の記載を自分の名義に書き換えておく必要があります。名義株の状態を放置していた場合，事業承継に際して株主総会で決議を成立させようとしても，「私が株主なのに無視するのか」と名義株主からクレームを受ける可能性があるのです。

誰が実質的な株主なのかについて，最高裁判所の判例では，「他人の承諾を得てその名義を用い株式を引き受けた場合においては，名義人すなわち名義貸与者ではなく，実質上の引受人すなわち名義借用者がその株主となるものと解するのが相当である」と示し，実際に資金を出資した者が株主であると判断しています（最高裁判所昭和42年11月17日判決）。

しかし，長い事業活動を経て存続してきた会社では，設立時のやりとりを記した書類（例えば，名義株の念書のような書面）は残っていないことが多く，会社の資産価値が向上し，名義貸しの事情を知らない名義株主の相続人が登場するような場面では，本当の株主が誰なのかを巡って経営者との間で紛争が生じることになります。特に，株主総会の決議は取締役会決議と異なり，図表6－2のように議案の種類によって成立に必要となる議決権の数が異なるため，名義株主の存在が決議の成否を左右することが起こり得ます。

図表6－2　持株比率と株主の権利

持株比率	株主の権利
100%	完 全 子 会 社
66.7%(2/3)以上	株主総会特別決議の成立
50%超	株主総会普通決議の成立
33.4%(1/3)以上	株主総会特別決議の否決
10%以上	解 散 請 求 権
3%	会計帳簿閲覧・謄写請求権
1%(又は300株以上)＋6か月以上継続	株 主 提 案 権
1株以上	配 当 請 求 権 ・ 議 決 権

4　株主の集約

　名義株主から，名義株を元の株主に戻す同意が得られなければ，訴訟等によって権利関係の帰属を解決することになりますが，訴訟手続きには時間と費用を要し，敗訴するリスクもあり得ます。そこで，一定の条件を満たしている前提の下，経営者が，定款の変更決議を成立させるだけの議決権数を確保していれば，名義株主に金銭を支払うことで株主から離脱してもらう方法が考えられます。このような株式の集約の方法は「スクイーズ・アウト」と呼ばれ，具体的には，（1）株式の併合を実施するか，（2）普通株式を取得条項付株式に転換する株主総会の決議を成立させることにより，会社が一方的に株式を取得することができます。

（1）株式の併合

　株式の併合とは，複数の株式を1株に集約することをいいます。例えば，発行済株式として10万株を発行しているような会社が，10株を1株に纏める決議をすると，発行済株式数は1万株となります。株式併合は，1株当たりの価値を上昇させて流通価値を上げることに目的がありますが，株主総会での議決権数を確保しやすくするための制度でもあります。この例では，10株未満しか保

有していない株主は，併合後は1株に満たない株式を保有することになるため，議決権を有しないことになります（一株一議決権の原則）。また，配当も併合後の1株を基準とした併合前の自己の株式保有比率で受け取ることになるため，端数処理などを要し算定が複雑になります。そこで，権利関係を単純化するため，端数株が生じる際には，株式併合に反対する株主の請求に対して金銭を給付することが認められており，投下資本の回収の例外的な位置付けになっています（会社法182条の4）。

（2）取得条項付株式への転換

取得条項付株式とは，会社法が種類株式の一つとして認めている株式であり，会社からの請求があると，株主は株式を会社に対し譲渡しなければなりません。

なぜこのような種類株式を認める必要があるのでしょうか。株式には，先に述べたように平等原則が支配しており，配当・議決権ともに1株につき平等なのが原則です。しかし，会社が資金調達をする場合に，ある株主は会社の経営よりも配当などの財産価値を重視し，ある株主は，取締役を通じて会社の支配権を確保することを重視するといった事態が見受けられます。そこで，会社の資金調達を円滑にするため，様々な種類の株式の発行が認められており，現在では図表6-3のような種類の株式が認められています。

図表6-3　会社法に定める種類株式

	種類株式の態様	種類株式の名称	権利の内容
1	剰余金の配当	優先株式・劣後株式	利益配当等について他の株主に優先又は劣後
2	残余財産の分配	優先株式・劣後株式	解散時の配当について他の株主に優先又は劣後
3	株主総会の議決権	議決権制限株式	株主総会の全部又は一部について決議不可
4	株式の譲渡	譲渡制限付株式	株式の譲渡について株主総会・取締役など会社の承認

5	株主から会社への取得請求	取得請求権付株式	株主から会社への買取請求
6	会社から株主への強制取得	取得条項付株式	会社から株主への買取請求
7	株主総会決議による強制取得	全部取得条項付株式	株主総会決議による会社から株主への買取請求
8	種類株主総会の承認	拒否権付株式	株主総会決議に加え，種類株主総会の承認が必要
9	種類株主総会による取締役・監査役の承認	選任権付株式	取締役又は監査役の選任について異なる内容の株式

（筆者作成）

　このような種類株式を発行するためには，定款を変更する必要があり，株主総会の特別決議の承認を得る必要があります（会社法466条）。そして，株主総会の特別決議には，原則として発行済株式の総数の過半数が出席し，出席した株主の議決権の3分の2以上の賛成を得ることが必要になります（会社法309条2項11号）。したがって，現経営陣の保有する株式が発行済株式総数の66.7%以上であれば，名義株主の意向に関らず，種類株式の発行を行うことができ，全ての株式を取得条項付株式に変更することが可能になります。

　実際に，会社が株主から株式を取得する場合は，取得条項付株式を保有する株主のみから成る株主総会を開催し，その承認を得なければなりません。このような株主総会を，通常の株主総会とは別に「種類株主総会」と呼びますが，種類株主総会の決議もまた特別決議となるので，現経営陣の保有する普通株式も全て取得条項付株式に転換しておけば，種類株主総会でも66.7%以上の支配比率を維持することができ，名義株主の意向に限らず決議を成立させることができます。

　このようにして，会社が発行している株式を会社が全て取得し，改めて経営陣など他の株主に株式を割り当てることで，名義株主を離脱させた状態を作ることが可能となる場合があります。ただし，会社の資金で株式を買い戻すことになるので，純資産額の制限があるなど，どの会社でも行うことができるわけ

ではないので，具体的な手続きを進めるにあたっては，弁護士や司法書士など
の専門家の確認を得る必要があります。

5　取締役の交代

　株主を把握し，株主総会の準備ができると，代表取締役の交代もスムーズに
進行していくことができます。親族内の事業承継であれば，後継者はすでに取
締役になっている場合が多く，取締役会のみ開催して代表取締役の交代を決議
することで済みます。ただし，現経営者が取締役を退任する場合には，退職慰
労金を支給する場合も多く見られ，その際は株主総会の普通決議による承認が
必要となります。また，経営者の交代に伴い他の取締役や監査役の就任・退任
が発生することも考えられるので，このタイミングで新体制に即した株主総会
の決議を一括して行う方が良いでしょう。

　事業承継後は，現経営者が取締役を退任して会長・顧問などの役職でアドバ
イスすることが多いようです。実は，会社法には社長や会長という役職は存在
せず，取締役は，代表権を有するか否かによって権限が異なります。本来，取
締役とは取締役会のメンバーとして，代表取締役の業務執行を監督する立場に
あり，業務執行権限は，取締役会で付与された場合を除き持っていません。し
かし，多くの日本の会社では，取締役は社員の地位の最上級職であり，出世を
果たした従業員が選任されるケースが見受けられました。それゆえ，自分を取
締役に登用してくれた「社長」に意見することは難しく，取締役会が活性化し
ないとの指摘がされていました。そこで，取締役が本来持つ監督機能を強化す
るため，会社と距離を置いたいわゆる「社外取締役」の義務付けへと会社法の
改正がなされています。

　また，取締役が事実上担ってきた業務執行権限を分離させるために，執行役
員制度を設けている会社が多々存在します。執行役員もまた，社長や会長と同
じく会社法上の地位ではありません。執行役員制度は，ソニー株式会社がコー
ポレートガバナンスの新しいあり方として1997年に発案し，導入したことが始
まりです。当時のソニーの取締役の人数は38人であり，これを一挙に10人まで

削減し，退任した取締役の多くが執行役員として選任されました。取締役の本来の職務は，取締役会の構成員として会社の業務を執行する代表取締役を監督することにありますが，当時は多数の「使用人兼務取締役」が存在し，従業員としての上級管理職の要素が強く，業務執行者の監督という取締役本来の機能と乖離していました。その結果，多数の取締役の調整を行いながら取締役会を開催し経営の意思決定を下すことが困難となり，他の日本企業でも実際の経営方針は「常務会」などで行うケースが見受けられました。そこで，取締役の人数を削減し執行役員制度を導入することで，経営の意思決定と業務執行を分離し，取締役会の機動性を確保したのです。この方法が浸透し，現在では広く執行役員制度が定着しています。

　これまで述べてきたように，株主総会や取締役会は会社の経営を決定する重要な会議体ですが，反対者が存在すると舵取りが進まない事態に陥ります。そこで，事業承継を機に役員の体制を見直し，取締役の人数をスリム化し，場合によっては執行役員制度に移管することを検討しても良いかもしれません。執行役員は，上場企業や大企業に特有の制度と思われがちですが，法的には規定のない制度であり，中小企業で導入することも可能です。むしろ，株主が少数で固められており，取締役会を設ける必要がなければ，紛争を未然に防ぐ一助にもなるかもしれません。

第3節　事業のみ譲渡する方法

1　事業承継の方法

　事業承継における第三者承継のみならず，企業グループ間でも事業の主体を変更する場面では，「企業再編」「買収」「M&A（mergers and acquisitions）」等の言葉が多く使われますが，「事業承継」も含め，いずれも会社法上の用語ではありません。会社法では，第五編に「組織変更，合併，会社分割，株式交換及び株式移転」の標題が付され，これらの手続きを総称して「組織再編手続き」として取り扱うことが多く，M&Aなどは組織再編手続きとして実行され

ます。

　組織再編手続きのうち，合併には，いずれかの会社に統合する吸収合併と，いずれの会社も消滅させて新たに会社を設立する新設合併があります。また，会社分割には，既存の会社が事業の一部を承継する吸収分割と，事業を承継する会社を新たに設立する新設分割があります。したがって，組織再編手続きには，①組織変更，②吸収合併，③新設合併，④吸収分割，⑤新設分割，⑥株式交換，⑦株式移転の7つの手続きが用意されていることになります。また，会社法第二編「株式会社」の第7章には「事業の譲渡等」が規定されています。

　いわゆるM&Aや企業再編の実施に際しては，「組織再編手続き」や「事業譲渡」を中心に手続きの手法を検討し，場合によっては事業を承継する会社を「設立」や「株式譲渡」により先に用意しておき，また，事業を手放す会社を後から「清算」するなど，会社法に規定する他の手続きと組み合わせて実施することも多く見受けられます。

2　会社の譲渡と事業の譲渡との違い

　第2節で述べたとおり，会社の譲渡は株式の譲渡により行われ，対象となる会社の権利義務の全てが承継されます。一般的に，親族内承継の場合は，事業承継後も親族間のコミュニケーションが可能で，先代経営者に対して後継者からアドバイスや確認を求めることができるため，会社をそのまま譲り受けることが多いようです。これに対し，親族外承継の場面では，これまで経営者との関わりが多くなかった第三者が事業を承継する場合が多く，会社と事業を切り離して事業のみを承継する場合が見られます。なぜなら，貸借対照表には表示されない「簿外債務」が，後から発覚するような場合もあるからです。例えば，対象会社が製品の輸入業者で，事前の調査である「デュー・デリジェンス」を実施しても判明しなかったような契約が存在し，製品事故が生じて突然支払いを求められるような場面もあり得ます。また，会社を引き継ぐということは，資産とともに負債も引き継ぎますので，営業利益が計上されていても特別損失で債務超過に陥っているような会社の場合，黒字の事業と負債を切り離してこ

そ承継する価値があります。そのため，会社を株式譲渡によりそのまま承継するのではなく，事業譲渡や会社分割などが検討されることになるのです。

3　事業とは何を指すのか

　会社が事業を譲渡し，譲り受けるためには，原則として取締役会や株主総会の承認が必要となります。そこで，何が承認の対象となるのかを検討する必要があります。この点，判例は「株主総会の特別決議を要する事業（営業）譲渡とは，一定の営業目的のために組織化され，有機的一体として機能する財産（得意先関係等の経済的価値のある事実関係を含む）の全部または重要な一部を譲渡し，これによって，譲渡会社がその財産によって営んでいた営業的活動の全部または重要な一部を譲受人に受け継がせ，譲渡会社がその譲渡の限度に応じ法律上当然に同法第25条（現行商法第16条，会社法第21条に相当）に定める競業避止義務を負う結果を伴うもの」と定義しています（最高裁判所昭和40年9月22日判決）。ここから読み取れるのは，①単なる財産や負債の移転では事業の譲渡とはいえず，また，②競業避止義務を負うことから，得意先関係の移転を伴うという2点です。すなわち，事業とは，これを構成する各個の財産の総計を超えた，得意先関係やノウハウという経済的価値を有する財産であり，これを解体すれば本来事業の有する価値を失うような集合体と考えることになります。

4　事業譲渡手続きと組織再編手続きの違い

　事業譲渡手続きは，事業譲渡契約の締結という取引行為に重きが置かれているのに対し，吸収合併などの組織再編は，合併契約等の締結だけでなく，株主や債権者を保護する手続きを履行する，組織的行為に主眼が置かれています。この違いが，それぞれの法的な効果の違いとして説明されています。

　事業譲渡手続きでは，譲渡人が第三者と締結している契約上の地位や，第三者に負担している債務を譲受人に移転するには，第三者の同意を個別に取得しなければなりません。一方，吸収合併等は債権者保護手続き等の組織的な手続

きを行うことにより，第三者の個別の同意を不要とし，消滅する会社が有していた権利義務の一切を，存続する会社が承継する効果を与えています。前者の法的効果を特定承継といい，後者の法的効果を包括承継といいます。包括承継は，人が死亡した場合に発生する相続と同じ効果があり，相続人が被相続人の権利義務の一切を承継するイメージと同じに捉えると理解しやすいでしょう。

このような法的効果の差異に着目し，M&Aの実務では，同意を取り付ける第三者（取引先・債権者・従業員等）が多い事業の承継については，吸収合併手続きを検討することが多く行われていました。しかし，吸収合併は消滅する会社の全ての事業を承継するため，会社の事業の一部を承継するには「事業の一部譲渡・譲受」によるほかなく，包括承継の効果を得ることができません。そこで，「会社分割」が制定され，会社分割による事業の承継は包括承継の法的効果を与えるものとして整備されました。それゆえ，会社分割は会社の「一部合併」と考えると理解しやすいでしょう。

5　事業譲渡と会社分割のメリット・デメリット

事業譲渡手続きは取引的な側面が強く，会社分割手続きは組織法的な側面が強いことにより，両者にどのような相違があるのかを，纏めてみました（**図表6-4**）。一言で纏めれば，①会社分割は承継に際して第三者の個別の同意を得る必要はないが，期間を要する手続きが積み重ねられ，税制上の要件を満たせば時価評価せずに資産・負債を引き継げる。②事業譲渡は，短期間で行うことが可能であるが，第三者の個別の同意を取得する必要がある。また，資産・負債の引継ぎには時価評価が必要ということになります。そこで，事業承継が①時価による引継ぎを行っても税務上不利とならず，②同意を取得する先を絞り込むことができ，③事業承継の実行日を柔軟に設定したいと考えれば，事業譲渡手続きを選択した方が良いということになります。

図表6－4　手続きごとのメリット・デメリット

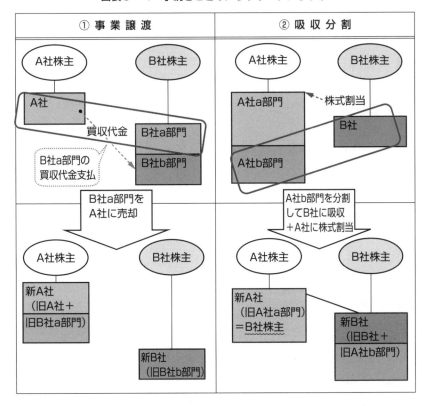

	①事業譲渡	②吸収分割
定義	一定の営業の目的のため組織化され，有機的一体として機能する財産の全部又は重要なる一部を譲渡し，これによって，譲渡会社がその財産によって営んでいた営業的活動の全部又は重要な一部を譲受人に受け継がせ，譲渡会社がその譲渡の限度に応じ法律上当然に競業避止業務を負う結果を伴うもの【最大判　昭和40年09月22日】	株式会社又は合同会社がその事業に関して有する権利義務の全部又は一部を分割後他の会社に承継させることをいう。（会社法2条29号）

メリット	① 譲渡したい資産・事業のみの切り離し可（特定承継） ⇔ 不要な資産，偶発債務，簿外債務の引継ぎ回避可 ② のれん（営業権）の計上ができる ③ 官報公告等の債権者保護手続きは不要	① 資産・契約の引継ぎが比較的簡便＝資産，契約等の引継ぎにつき，個別の同意の取得は原則として不要（会社の一部の包括承継/ただし，分割が取引先との契約の解除原因として規定されている場合もあるので，事前に取引先との契約書チェック要） ② 税制優遇措置を受けられる要件（税制適格要件）を満たせば，簿価引継ぎが可能 ③ 承継会社側で，原則，買収資金（現金）の準備が不要
デメリット	① 資産，契約等の引継ぎにつき，個別の同意が必要＝事務処理が煩雑 ② 時価評価による売却＝売却益への課税 ③ 原則，譲受人は買収資金（現金）の準備が必要 ④ 譲渡会社を清算する場合は，別途解散・清算手続きが必要	① 事業に付随して，偶発債務，簿外債務の引き継がれる可能性あり ② 官報公告等の債権者保護手続きを行う必要がある。 （ただし，省略可能な場合あり）

6 会社分割手続きの外観

　組織再編手続きの一つとして位置付けられる会社分割を行う上では，①どの程度の時間がかかるのか，②必要な手続きは何か，③コストがいくらかかるのかを把握して進める必要があります。会社分割手続きの大枠を示すと**図表6-5**のようになります。

　会社分割手続きに要する期間は，最短で約1か月半〜2か月程度となります。組織再編手続きは，**図表6-5**に示したとおり，一定の期間を要する手続きが複合して進められていきますが，その手続きは①株主保護手続き，②債権者保護手続き，③労働者保護手続きに大別することができます。

　①の株主保護手続きは，組織再編手続きにより資産・負債が承継されると当事会社の財産状況が変更し，株式価値に変動をもたらす可能性があることから，原則として株主総会の特別決議による承認を必要とします（会社法783条・795

図表6−5　吸収分割手続きの概略

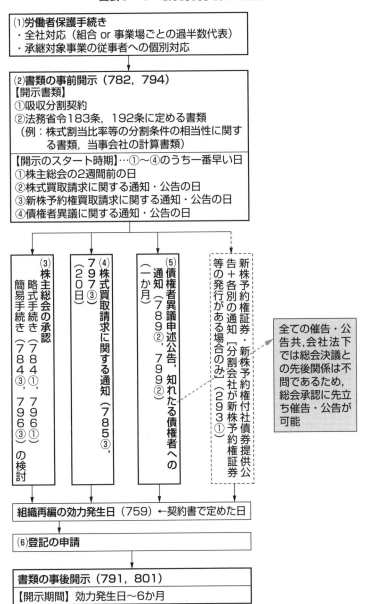

(1)**労働者保護手続き**
・全社対応（組合 or 事業場ごとの過半数代表）
・承継対象事業の従事者への個別対応

(2)**書類の事前開示（782，794）**
【開示書類】
①吸収分割契約
②法務省令183条，192条に定める書類
　（例：株式割当比率等の分割条件の相当性に関する書類，当事会社の計算書類）

【開示のスタート時期】…①〜④のうち一番早い日
①株主総会の2週間前の日
②株式買取請求に関する通知・公告の日
③新株予約権買取請求に関する通知・公告の日
④債権者異議に関する通知・公告の日

(3)株主総会の承認
略式手続き
簡易手続き
（784③，784①，796①，796③）の検討

(4)株式買取請求に関する通知（785③，797③）
（20日）

(5)債権者異議申述公告，知れたる債権者への通知（789②，799②）
（一か月）

新株予約権証券・新株予約権付社債券提供公告＋各別の通知［分割会社が新株予約権証券等の発行がある場合のみ］（293①）

全ての催告・公告共，会社法下では総会決議との先後関係は不問であるため，総会承認に先立ち催告・公告が可能

組織再編の効力発生日（759）←契約書で定めた日

(6)**登記の申請**

書類の事後開示（791，801）
【開示期間】効力発生日〜6か月

条・309条2項12号)。そして,株主総会の承認を得るにあたっては,当事会社の決算その他の状況を開示することを要し,組織再編に反対する株主には,原則として株式買取請求権の行使が認められています。原則として株主総会の2週間前の日までに分割契約書等の書面を本店に備え置くことになり(会社法782条2項1号),また,反対株主の株式買取請求には20日間を要します(会社法785条5項)。

②の債権者保護手続きは,会社の財産状況の変動は支払能力に影響するので,①の株主保護手続きと同様に情報を開示し,当事会社の債権者に債権の保全・回収の機会を与えるものです。これに要する期間は1か月ですが,官報等への公告掲載の準備期間も考慮する必要があります。会社分割では,合併と異なり事業を移管する会社は当然には消滅しないので,分割会社が分割後も引き続き債務者となるのであれば,債務者の交代は生じないため,分割会社の債権者保護手続きを省略することが認められる場合があります(会社法789条1項2号)。なお,異議の申立てを行うことは取引中止の意思表明とも受け取れるため,異議申立てがされることは多くありません。

③の労働者保護手続きは,「会社分割に伴う労働契約の承継等に関する法律(以下,「労働契約承継法」という)」の適用に留意して進める必要があります。承継される事業に主として従事する労働者(労働者承継法2条1項1号)が分割会社との間で締結している労働契約で,分割契約等に承継会社等が承継する旨の記載があるものは,分割契約等に基づく分割の効力が生じた日に,承継会社等に承継されることとなります(労働契約承継法3条)。この規定は,会社分割の効果が包括承継とされるため,労働契約の承継に当該労働者の個別の同意を要しないことを意味します。また,分割会社の従業員は会社分割により移動する者と分割会社に残る者とに分かれるため,承継会社に移籍する労働者との個別の協議が求められるほか,分割会社の全従業員に対して会社分割の背景及び分割後の会社の状況を説明し,理解と協力を得るための協議が必要となります(労働契約承継法7条)。

承継する事業に主として従事する労働者及び従として従事する労働者のうち

承継される者に対しては，分割契約の内容等を株主総会日の2週間前の日の前日までに通知する必要があり（事前通知と呼ばれる），この日までに個別の労働者との協議を行う必要があります（平成12年商法等改正附則5条）。そして，厚生労働省の指針により，個別労働者との協議は十分な時間的余裕をみて開始することが望ましいとされ，分割会社が雇用する全ての労働者との協議は，個別労働者との協議よりも前に開始することが望ましいとされています。

　以上から，③の手続きが先行し，①②を併行して行うとすれば，会社分割に必要な期間はおよそ1か月半〜2か月と捉えられます。しかし現実的には，例えば4月1日の会社分割を目指す場合，前年には諸事項の検討を終え，年明けに直ちに手続きに入るような場合が多いようです。

第7章

事業の成長と戦略立案

第1節　事業承継後の成長

1　事業の成長計画

　事業承継を機会に既存の事業を成長させたい，それにより不振続きの経営を立て直したいと考える意欲的な後継者は少なくないでしょう。ただ，事業承継そのものが必ずしも容易ではなく，それに加えて事業を成長させることはさらに難易度が上がります。

　したがって，事業承継と同時に事業成長・再生を目論むのであれば，戦略的な準備が必要です。あえて困難な道を選ぶのですから，現経営者と後継者のやる気と粘り（覚悟）が何よりも重要になります。後継者が，絶対に事業を再生するのだという強い気持ちを持ち続けることが必要条件です。

　事業を成長・再生させる上で，経営者のやる気や粘り（覚悟）と併せて重要なのが，会社の「強み」であり，これから取り組もうとする事業の「機会」です。これらをうまく掛け合わせることで，事業を成長させる可能性が高まります。本章では，強みと機会を掛け合わせて戦略を立案していく方法を，具体的に説明していきます。

2　事業成長の具体例

　自社の強みと外部の機会を掛け合わせることの大切さを理解していただくために，始めに強みと機会を掛け合わせて業績を向上させている企業を紹介します。いずれも，2019年版中小企業白書に紹介されている企業です。

（1）100年以上続く老舗調味料メーカー

　熊本市にある老舗調味料メーカーの事例です。同社は，従来，熊本市内の小売店や飲食店向けに醤油や味噌などの調味料を製造・販売していました。しかし，量販店の進出や大手メーカーの参入が約30年前から進み，最近では一般家庭での調味料利用の機会が減ってきたこともあり，売上げが落ちていました。

そこで，同社では約10年前からEC販売の準備に着手しました。自社のホームページを作り，大手通販サイトを利用して本格的な販売に乗り出しました。その結果，同社で取り扱う"熊本県らしい商品"が全国の消費者に高い評価を受け，販路拡大の成功に繋がりました。

その後，ECサイト上での広告料が利益を圧迫してきたため，広告掲載を取りやめました。ECでの販売は競合が激しく，広告をやめると売上げが大きく落ちることも珍しくありません。しかし，すでに全国的に十分な認知度がありブランド力が培われており，また自社サイトでも情報発信を行っていたため，販売量の減少は避けることができたのです。

単純な事例ではありますが，量販店の進出などの脅威に対して早期に対応し，インターネット等情報通信網の発展を「機会」と捉えて販路を積極的に拡大したことが，一つの成功要因であると考えられます。地元ならではの商品を「強み」として積極的にアピールしたことも，大きな成功要因となっています。ECサイトの広告費を中止しても，売上げが落ち込まないブランド力を確立してきたことは，評価に値します。

同社ではさらに，今後の日本食ブームを機会と捉えて海外も視野に入れて事業展開していくとのことです。また，時代に取り残されないためにAIやIoTなどの先端技術の利活用にも意欲を示しています。こうした積極的な攻めの経営も，同社の強みであり経営者の積極性が活かされている良い例と言えます。

（2）子供向け絵本古本店

愛知県北名古屋市で個人事業として，絵本の古本店を営んでいる事例です。同店では，子供向けの中古絵本のネット販売を2012年より開始し，2015年には車による移動販売を始めました。

書籍販売における一番の魅力は人材であると，同店では人材を「強み」の中心に置きました。実際，販売員に絵本に関する知識などを習得させるため，半年近い研修を実施しています。この研修を通して，移動販売時に絵本の読み聞かせライブを行う現場力が養われます。そして，販売員とのコミュニケーショ

ンを通して，古い絵本を手に取り購入してもらえるようにと，最新の図書消毒器を導入しました。安心安全な絵本提供という姿勢をアピールしています。

絵本は，繰返し読むことが前提とされ，描かれている絵のタッチに対する読者の嗜好が強く現れます。そのため，顧客は，購入前に内容を確認しておきたいとのニーズが高く，中身を見せてから買ってもらう商品であると言えます。その点で，ネット販売のみではなく移動販売という形態を導入したことは，消費者心理をも捉えた，素晴らしい戦略と言えます。

同社は，読み聞かせライブのできる販売員が「強み」となっており，様々な商品がネット販売となっている時代だからこそ，移動販売というニッチな市場の「機会」を活用して，他社との大きな差別化に成功しています。

（3）国産木製玩具メーカー

木工製品の玩具メーカーの事例です。福島県南会津地域にある同社は，従来家具製品や木製玩具を作る木工所を経営していました。玩具の進化により自社製品が徐々に市場ニーズに合わなくなり，売上げも減少していきました。そこで，地域の木工関係業者が協力して地域の木工産業のあり方を考え直すことにしました。

技術力には自信がありましたが，製品の良さを出すデザイン力に欠けている点が課題として提示されました。そんな折にあるデザイナーと知り合い，地域の木工関係者と地域の木工玩具の再ブランディングを目指すことになりました。

その後，デザイン性に加えて，頑丈で壊れにくく，安全であると国内外から高い評価を受けました。デザイナーがイタリアでも活動しているため，同国での展示会に出展し，海外市場を視野に入れた事業を展開するきっかけになりました。プロモーションが弱みと考えられていましたが，新たに得たデザイン性という「強み」を活かし，海外展開という「機会」をうまく捉えて好循環が生まれた成功例と考えられます。

第2節　戦略立案プロセス

1　強みと機会を掛け合わせ

　前節の事例は，いずれも事業ドメインにおける3大要素である，誰に（顧客），何を（商品・サービス），どのように（提供のチャネル）売るかにおいて，強みと機会を掛け合わせて事業展開を行っている成功例です。1番目の調味料メーカーの事例では，全国の顧客にECという新たな販売ルートを機会として利用しているのが特徴的です。2番目の絵本店の事例では，逆にECではなく，移動販売という販売ルート（機会）を開拓し，実際に"見てから買いたい"という絵本の特性を踏まえた商品提供により，成功しています。3番目の玩具メーカーの事例では，企業が自らの弱みを克服するためにとったデザイン力向上という対策が，強みとして活かされるようになりました。また，そのデザイン担当者の海外での活動経験をきっかけに新たな販路を得る機会とするなど，強みが機会を生み出す好循環の事例と言えます。これらのいずれの企業も資源の豊富な大企業ではありません。中小企業であっても，自社の強みと外部の機会を捉えて，戦略を立案・実行することで事業を成長させています。

　それでは，実際に強みと機会を掛け合わせて戦略立案するプロセスを見ていきましょう。会社の内部におけるプラス要因が強み，会社の外部で起こるプラス要因が機会です。まず，これらを抽出する必要があります。抽出した強みと機会とを掛け合わせるのですが，そこからKey Success Factors（KSF＝重要成功要因）を導き出し，それをどう活かしていくかを，分析していきます。各分析プロセスにおいては，ファイブフォース，PEST，バリューチェーン，VRIO，SWOT，クロスSWOT，バランススコアカードといった分析フレームワークを用いますが，順次，説明をしていきます。

2 戦略立案のフローを理解する

具体的な戦略立案プロセスの全体フローを図表7-1に示します。フレームワークの組み合わせで構成されていますが，どのフレームワークがどのように繋がっているかを最初に確認しておくと，それぞれのプロセスの内容と役割への理解も速いでしょう。

まず，会社の概要に加えて，企業理念と事業ドメインといった基本的な情報を明記します。その上で企業を取り巻く外部環境と企業の内部環境を洗い出していきます。この際，外部環境はファイブフォース分析とPEST分析，内部環境はバリューチェーンのフレームワークとVRIO分析から始めます。それぞれの要素をまとめるには，KJ法が有効です。外部及び内部環境分析でまとめた要素から，クロスSWOT分析を行い，KSFを導き出します。最終的には，KSFごとに利益達成までのロードマップ（戦略マップ）を描き，今後の企業の方向性を「見える化」します。

3 経営理念と事業ドメインの明文化

戦略立案の準備として，企業情報をまとめるところから始めます。社名や所在地などの概要に加えて，何と言っても経営理念を明確に文章化することを重視します。経営理念は，第3章でも説明したように戦略や事業ドメインなど企業活動の主軸となるからです。ただし，経営理念は抽象的な文言ではお題目となり，形骸化しがちです。そこで，戦略立案の前に改めて確認し，その共有を図るのです。

抽象化されているがゆえに業績との紐付けが難しく後回しにされることもありますが，長く栄えている企業の多くは，従業員に経営理念が浸透しているものです。経営理念は会社の羅針盤としての役割を果たしてくれます。

経営理念に加えて，企業概要，社名，本店・支店の所在地，代表者名，従業員数，資本金，直近の業績なども明記します。沿革には，創業から会社の転換期となった出来事を中心に記していきます。また，受賞歴や認証，取得資格など，自社の強みにつながりそうなものも，書き加えていきます。

図表7－1　「経営戦略」立案のフロー

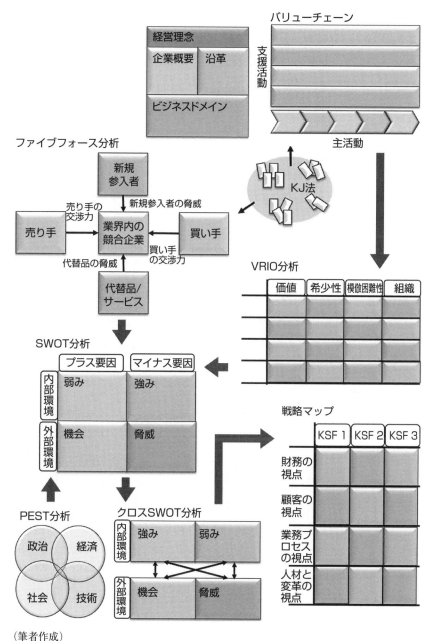

（筆者作成）

図表7－2　企業の基本情報

経営理念	
企業概要	沿革
ビジネスドメイン	

（筆者作成）

　次に，事業の内容を記載します。これが事業ドメインです。ドメインとは，「範囲ないしは領域」と定義されます（榊原，2002）。したがって事業ドメインは，「企業が活動する事業の範囲及び領域」ということになります。

　榊原（2002）は，戦略の定義として，「ドメインを定義し，資源配分を決定し，ポジショニングを行うこと」であるとしています。ポジショニングという言葉は抽象的ですが，「他社との関係での自社の位置付け」のような理解で良いと思います。本書では，戦略は他社と差別化することを目標に立案するものであるとしていますが，ポジショニングという概念には，自社と他社が同じポジションであることを避けるという意味も含まれていると解釈できるため，結局は差別化を目指すことが目標になります。いずれにしても，事業ドメインは戦略を立案する対象範囲であり，事業ドメインを決定することが戦略立案の前提条件です。また，事業ドメインが何かを考えるためには，企業の理念と整合的でなければなりません。

　卓越した戦略があると評価されている企業では，戦略を立案し実行する前に経営者自身が自社の使命を改めて問い直し，あるべき将来像を明示しているこ

とが多いです。また，事業ドメインは，ブランド戦略においても重要な役割を担っています。自社のブランド価値を高めるために，そもそも自社がどのような事業領域で活動をしているのか，自社がブランド価値とすべき「強み」はどこにあるのか，また，自社のブランド価値を訴求すべき顧客は誰なのかを，十分認識しておく必要があるためです。

　前述の榊原によれば，事業ドメインを改めて明確にすることにより，企業内に以下のような効果をもたらすことが期待できます。
- ●経営者，意思決定者の情報収集効率が上がる
- ●自社の将来的な方向性が戦略的なメッセージとして組織内外に広がる
- ●必要な経営資源の蓄積・配分の機能を集約できる
- ●組織としての一体感が高まる

　事業ドメインを明確に示すためには，具体的にどのように考えればよいでしょうか。この点に関して，Abell（1980）は以下の３つの次元から事業ドメインを定義すべきとしています。
① 　市場セグメント（顧客）による定義
　　➢ 富裕層，高齢者，子供など，顧客を軸とした定義
② 　顧客ニーズ（顧客価値）による定義
　　➢ エコ，健康，安心，安全，正確，低コスト，品質など，顧客のニーズを軸とした定義
③ 　中核技術（独自技術）による定義
　　➢ 自社の強みとなる技術を軸とした定義

　まず，事業ドメインを考えるためには，誰が顧客であるかを検討します。その上で，その顧客に「どのような価値を提供するのか」を決めることが最も重要になります。そして，「その価値を，なぜ自社が提供できるのか」を併せて検討し，例えば，「自社にその価値を提供できるだけの中核技術がある」などを

理由として考えます。もちろん，技術のみではなく，ノウハウやアイデアなど自社の強みを広く捉えて理由を考えることが大切です。

　なお，同じ業種に属する企業同士であっても，提供する価値が異なります。例えば，同じ喫茶店であっても，「コーヒー好き向け本格コーヒーの店」，「学生と地元住民が交流する店」，「安く早く手軽に食べられる店」，「美味しくゆっくりと食事ができる店」では顧客の感じる価値は大きく異なります。

　事業ドメインを実際に検討するには，Abellの提案を可視化して，以下のような３つの円を書いて議論すると効率的に進めることができます。前述のように，まずは「顧客」が誰なのかを定め，その顧客のどのような「ニーズ」に対応する価値を提供するのかを考えます。それを踏まえて，その価値を提供できるのが競合他社ではなく自社である理由，すなわち，「コンピテンス（中核的能力）」について議論を進めます。これらの三要素を定めた上で，事業ドメインを明確化します。「事業」とは，顧客に価値を「提供する」という活動です。

図表７－３　事業ドメインを決定する三要素

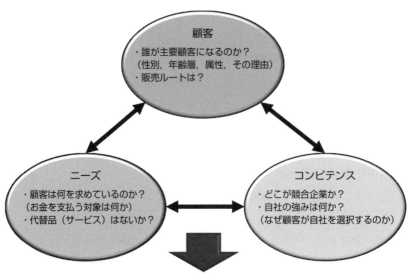

三要素から事業ドメインを明文化（必ず動詞を含む）

（筆者作成）

138

したがって，事業ドメインには「動詞」を含む必要があります。

　長年経営している企業においては，あえて概念化しなくても経営者や従業員が事業ドメインをよく理解していると考えているかも知れません。しかし，経営者と従業員とでは認識が大きく異なっている場合があります。そのギャップを埋めるためにも，事業ドメインを改めて文章化しておくことは有効です。

第3節　戦略分析

1　経営戦略策定の手順

　経営理念や企業概要そして事業ドメインなどを明記したら，企業内外の環境を分析し，現状の課題と今後の方向性を見出していきます。企業を取り巻く状況から，フレームワークを用いて内部環境要因（強み，弱み）と外部環境要因（機会，脅威）に分けて書き出していきます。これらの要素をまとめる上で，フレームワークに書き込む具体的な内容が必要です。その手法の一つに，KJ法があります。KJ法では，まずは分析に参加しているメンバー全員がアイデアを思いつくままに出して，様々なアイデアを全員で共有します。その上で，類似のアイデアはまとめて収束させていく方法です。KJ法で出てきた要素をフレームワークにはめ込み，まとめ上げていきます。それぞれの要因をSWOT分析のマトリックス上に並べ，クロスSWOT分析を経て企業のKSFを複数抽出していきます。最終的には，KSFそれぞれが如何に収益化されるかを示した戦略マップというフレームワークにまとめ，事業計画に向けたストーリーができます。

2　外部環境要因分析

　強みや弱みは，競合他社などと比較して自社が何に強くどの部分が弱いかという観点から整理され，これを内部環境と言います。一方，競合関係や取引先などのミクロな動向，政治・経済，社会情勢などのマクロな動向を外部環境と呼びます。以下では，外部環境の分析から説明していきます。

自社の事業の周辺において将来起こり得る外部環境が，自社事業のメリットとなるのか，あるいはデメリットとなるのかという視点に立って分析していくのが，外部環境要因分析です。ここでは，外部環境を分析する上で有効なフレームワークとして，ファイブフォース分析（ミクロ視点）とPEST分析（マクロ視点）を紹介します。

（1）ファイブフォース分析

ファイブフォース分析は，自社事業を取り巻く環境を5つの視点から分析するフレームワークであり，経営戦略論の第一人者であるPorter（1980）が提唱した手法です。これを用いて，自社の機会と脅威を検討していきます。

第一の視点は，自社が所属する業界内における競合他社との関係（業界内の競合関係）です。競合他社の製品開発力が高まるなど今後競合他社との関係が自社の脅威となっていくか，あるいは，競合他社が脱落するなど自社の機会となるか，といった観点から外部環境を分析していきます。

二つ目の視点は，事業に必要な製品やサービスの供給元（売り手＝仕入先）による影響です。いわゆるサプライヤーですが，サプライヤーとなる企業が少なくなると，自社からの価格や納期の交渉力が下がることなどが典型的な脅威の例になります。サプライヤーとなる企業が多くあっても，例えば，特定のサプライヤーからしか得られない製品・サービスをどうしても自社が欲しいという場合には，売り手が優位であり，売り手の交渉力が強まる可能性が高まります。逆に複数の仕入先から受けられる製品・サービスを購入している場合，価格交渉などにおいて自社が優位です。

反対に，自社事業の提供する製品やサービスの提供先（買い手＝顧客）による影響が，三つ目の視点となります。顧客が増えるというのが典型的な機会となりますが，併せて，顧客からの要求が厳しくなる可能性があれば脅威となるかもしれません。逆に，他社と差別化されたオンリーワンの製品・サービスを自社が提供する見込みがあれば，買い手の交渉力を抑えていくことが可能になるかもしれません。

　四つ目の視点は，今後他社が新規参入してくる可能性です。これは直接的な脅威になり得ます。新規参入は，必ずしも同種の事業を行う同業の企業だけとは限りません。例えば，自社事業の川上側の企業（サプライヤー）や川下側の企業（顧客）が垂直統合を図って乗り込んでくることも考えられます。あるいは，全く異なる情報産業ビジネスに従事する企業が，顧客情報を強みに自社のビジネスモデルを模倣して参入してくることも考えられます。

　五つ目の視点は，自社の製品やサービスを，それらを代替する製品やサービスに奪われる可能性です。技術革新により今までより遥かに安価で同等以上の製品やサービスが提供できるようになることは，自社事業にとって大きな脅威となります。そのため，最新技術の動向など業界に大きなインパクトとなり得る情報に対しては，常にアンテナを高くしておく必要があります。

　以上のようにファイブフォースのフレームワークを用いて，自社事業に比較的近いミクロの外部環境を分析して，何が機会になり何が脅威となるかを分析していきます。どのような機会あるいは脅威を列挙するかを検討するためには，様々なアイデアをでき得る限り提示してから，集約していくことが有効です。本節4項で述べるKJ法を用いると良いでしょう。

図表7－4　ファイブフォース分析

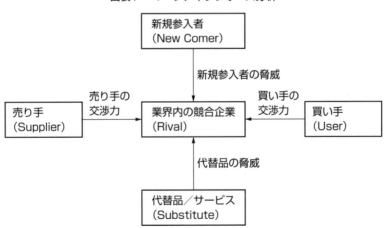

（出典）Porter（1980）に基づき筆者作成

（2）PEST分析

ミクロ的な外部環境を分析するファイブフォース分析に対し，マクロの視点から外部環境を分析するのが，PEST分析です。Kotler（1997）が提唱した方法です。PESTとは，Politics（政治），Economy（経済），Society（社会），Technology（技術）の総称であり，これらの要因が今後，自社事業にどのように影響するかを分析します。例えば，消費税増税といった政治的要因，世の中のトレンドといった社会的要因，技術革新によるインフラ整備といった技術的要因などによる自社の製品やサービスへの影響が挙げられるでしょう。こうした多面的な視点から自社事業を分析することは，ファイブフォース分析と同様に自社事業の機会と脅威を考え直すことに繋がります。

図表7－5　PEST分析

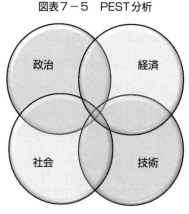

（出典）Kotler（1997）に基づき筆者作成

（3）SWOTへの反映

これらのフレームワークを用いて抽出した機会と脅威を，SWOT分析のフレームワークの外部環境の欄に整理しながら書き込んでいきます。フレームワークは，プラス要因とマイナス要因を分けて記載するようになっており，それぞれ機会と脅威を記入します。後述する内部環境のプラス要因（強み）及びマイナス要因（弱み）と併せて4つの要因を書き出して分析する方法を，

SWOT分析と言います。SWOTは，Strength（強み），Weakness（弱み），Opportunity（機会），Threat（脅威）の頭文字をつなぎ合わせたものです。

図表7－6　SWOT分析（外部環境要因）

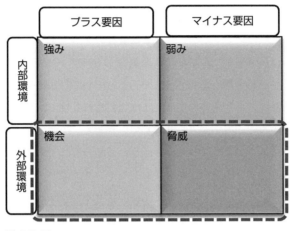

（筆者作成）

3　内部環境要因分析

自社の保有する資源の「強み」や「弱み」を分析することが内部分析です。競合他社と比較して自社の何が強く，どの部分が弱いかという観点から整理されます。

取引関係や社会情勢といった外部要因ではなく，自社内の業務プロセスや組織体制などの内部要因を分析していくことで，収益に対するプラス要因とマイナス要因を洗い出していきます。バリューチェーン及びVRIOというフレームワークを用いますが，どのような内容を整理していくかは，ファイブフォース分析同様にKJ法でアイデアを発散させてから集約させていくと良いでしょう。ここで強みや弱みと判断されたものを，SWOT分析の内部要因の個所に加筆していきます。

（1）バリューチェーン分析

　外部環境要因の「機会」と「脅威」は，ファイブフォース分析やPEST分析を用いて絞り込んで行きました。外部環境はミクロ視点とマクロ視点の2つの切り口から異なるフレームワークを用いて分析しましたが，内部環境については強みと弱み，特に強みになりそうな要因を絞り込んでいくためにバリューチェーンとVRIOのフレームワークを2枚重ねのフィルターのように使います。1枚目のフィルターは，業務の流れを把握し強みの源泉を探り当てる，バリューチェーン分析を用います。前述のPorter（1985）が提唱した手法です。

　ここでは，企業の活動内容を主活動と支援活動に分けて，自社の特徴や差別化要因の源泉となる内容を浮き彫りにしていきます。主活動とは，事業を営む上で利益の直接的な源泉となっている一連の活動の流れです。例えば，製造業であれば購買に始まり製造，販売・マーケティング，保守・サービスといった流れになります。その中で，自社では具体的にどのような活動を行っているかを書き出していきます。非製造業の場合は製造はありませんが，適宜，自社の業務の流れを踏まえて検討します。

　主活動を書き出す際は，購買，製造，販売……といった大枠の活動内容の流れを横軸に取り，各項目に具体的な活動内容を書き入れていきます。業種業態が同じ企業であっても，差別化につながるような自社ならではの営業スタイルや製造工程などがあるはずです。これらの要因を積極的に探るつもりで活動内容を記入します。

　一方，支援活動は，主活動を支えるいわば後方支援となる活動です。ここには，人事・労務，技術開発，調達，その他ITなどのインフラ部門が含まれます。支援活動については，業種が変わっても似ているものが多いと思われるかもしれません。しかし，業種によっては，生産性向上や従業員の働く意欲向上など重点が変わっているはずです。同じ業種だとしても，自社独自の取組みに注力していることもあります。これら独自に注力している活動は，自社の強みとなる可能性があるので必ず書き入れるようにします。

　以上のように主活動と支援活動とをあえて分けることで，表舞台の主活動だ

けでは見えにくい舞台裏を含めた事業活動全体を「見える化」することができます。

　書き出した主活動や支援活動の中から，自社にとって特徴的なもの，他社と比較して差別化できそうなものや劣っていそうなものは何か，該当するものを選んでいきます。特に差別化要因になりそうな強みの候補については，実際に強みとして成立するのかしないのか，あるいは強みの中でも，真の強み（コア・コンピタンス）になるのかを，2枚目のフィルターであるVRIO分析でふるい分けていきます。

図表7－7　バリューチェーン

（出典）Porter（1985）に基づき筆者作成

（2）VRIO分析

　会社の特徴は，競合他社に比べて得意分野など収益にプラスとなる要因と，あまり得意ではないマイナスの要因とに大別できます。前者は強みの源泉となり，後者は弱みの源泉となります。

　弱みについては他社や業界の動向などと比較すればある程度明白になります。強みにはならない要因であっても，弱みの原因を確認することは大切です。他

方で，他社との差別化要因の源泉である強みについては，自己満足に陥りがちです。そのため，客観的な視点に立って自社の強みを精査すべきです。

そこで用いられる有効な手法がVRIO分析です。著名な経営学者であるBarney（1997）が提案したフレームワークです。VRIOとは，分析項目である4つ指標（Value［価値］，Rarity［希少性］，Inimitability［模倣困難性］，Organization［組織］）の頭文字を示しています。

具体的には，以下の4つの問いを用いてフィルタリングを行います。

① この技術そのものは価値があるものか？

② この技術は希少性が高いものか？

③ この技術は他社に簡単に真似されないか？（模倣困難性が高いか？）

④ その価値を提供するために，会社や事業部門などで十分な組織体制がとられているか？

極めて高度な製品加工技術を有する企業を例に考えてみましょう。この技術は，他社との差別化要因，自社の強みになるでしょうか。まず，せっかくの加工技術であっても，市場や顧客のニーズを満たすものでなければ価値があるとは言えません。また，価値ある技術であっても，他社でもすでに活用されていれば希少性が低く，差別化は困難です。さらに，現在は希少な技術であっても，それが簡単に他社に模倣されてしまうようなものならば，強みとしての持続性に問題があると言えます。最後に，価値ある技術を用いた製品やサービスを持続的に顧客に提供するためには，それを支え続ける組織体制が必要です。

理想的には，これら4つが揃って初めてその技術はコア・コンピタンスと言えるでしょう。しかし，4つ全てが揃うような強みを持つことは，特に中小企業にとっては困難かもしれません。そこで，実際には2つか3つの指標をクリアしているものを強みとすることも考えられます。

ただし，ここで一番重視すべきことは，顧客にとって「価値があるか」という視点です。顧客にとって価値がないものについて，いくら「希少だ」「模倣困難だ」と言っても，収益向上に寄与しません。他方で，顧客価値が高い製品やサービスを競合他社がすでに提供しているのに，自社では提供できていない場

合，それは弱みになります。

図表7-8　VRIO分析

	価値	希少性	模倣困難性	組織	
加工技術	Yes	Yes	Yes	Yes	⇒ 強み

(出典) Barney (1997) に基づき筆者作成

(3) SWOTへの反映

　VRIO分析のフィルタリングを通して強みと認定された要素は，SWOT分析のフレームワークの内部環境欄の「強み」に整理しながら書き込んでいきます。併せて，弱みについても，表の「弱み」欄に記入します。これらを整理することで，自社が何を得意とし何を不得手としているか，どのような希少価値を強みの源泉として所有しているか等の内部環境がわかります。すでに記入した「機会」，「脅威」と併せて，SWOT分析の4象限全ての項目を，一覧で確認できます。

図表7-9　SWOT分析（内部環境要因）

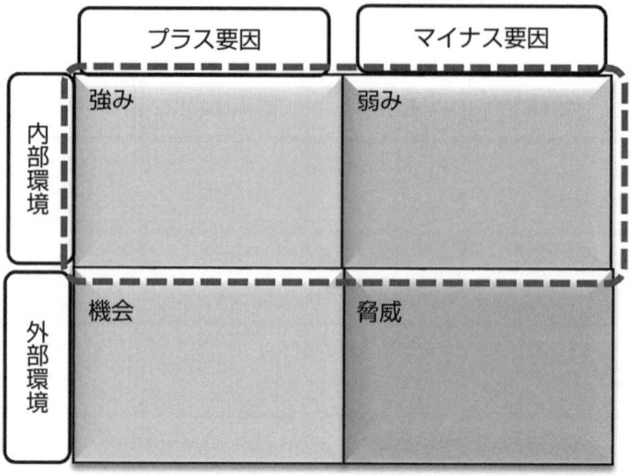

（筆者作成）

4　KJ法

　以上の外部環境及び内部環境を分析する上で有用な方法論がKJ法です。東京工業大学名誉教授の川喜多二郎氏の考案によるものです（川喜多，2017）。前述のフレームワークを用いる際には，できるだけ様々なアイデアを出し，それを集約していく必要がありますが，このプロセスにおいて，有効な手法です。以下では，具体例として，ファイブフォース分析及びバリューチェーン分析を挙げてKJ法の活用方法を示します。

（1）ファイブフォース分析におけるKJ法の活用

　KJ法を用いてファイブフォース分析をどのように行うのか，具体例を基に確認していきましょう。

　ファイブフォース分析は，異なる5つの視点に基づく要素から成り立っています。各要素に含まれる内容を，具体的に書き出していきます。この作業を，3～6人ぐらいの複数人のグループワークで行うものとします。グループで囲んだテーブルには，ファイブフォース分析のフレームワークが描かれた大きめ

図表7－10　アイデア出しにおける発散と収束のイメージ

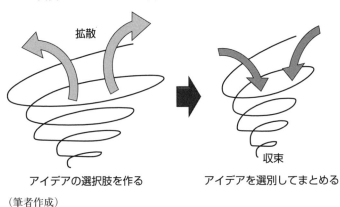

拡散

収束

アイデアの選択肢を作る　　　アイデアを選別してまとめる

（筆者作成）

の模造紙があり，各自がマジックペンと大きめの付箋を一束ずつ持ちます。各要素の具体的内容を，１枚の付箋に１アイデア（１行動）というルールの下で思いつくままに書いていきます。付箋に書かれたアイデアは，対応する視点のボックス内に貼っていきます。グループの人数などを考慮して，１人最低何枚の付箋を書くかをあらかじめ決めておきます。例えば，３人程度のグループでしたら，それぞれの要素に５枚ずつ，合計75枚以上を義務とするなどのルールです。具体的には，製造業であれば"○○部品の発注元（社名）"を売り手のボックスに，"△△製品の納品先（社名）"を買い手のボックスに，"△△社（社名）による××事業への参入"などを新規参入者のボックスに記入していきます。

　各自が付箋を書き終わったら，同じ，あるいは類似のアイデアをまとめ，重ねて整理していきます。付箋１枚に１アイデアと限定したのは，このまとめ作業があるためです。ひとまとめになった付箋のグループごとに，それらグループを総称する名前を付けていきます。模造紙上のファイブフォース分析のフレームワークには，これらの付箋グループの山がいくつか置かれている状態になりました。実際の目安としては，これらの付箋のグループが各要素のボックスで３つ程度になるように集約していきます。

これら全ての中から，自社の機会になりそうなものを３～５つ，脅威だと思われるものも３～５つ選びます。例えば，"○○部品の発注元（社名）"における製品を提供する企業数が今後減少する可能性が高い場合，サプライヤーである企業の交渉力が強まり自社にとっての脅威となります。一方，"△△製品の納品先（社名）"の納入先が重要な顧客であり，現在は，その企業への売上げの依存度が高かったとしても，今後，それ以外の顧客企業が見込める場合には，大きな機会となります。

（２）バリューチェーンにおけるKJ法の活用

ファイブフォース分析と同様に３～６人ぐらいのグループワークで行うものとします。グループで囲んだテーブルには，バリューチェーン分析のフレームワークが描かれた大きめの模造紙があり，各自がマジックペンと大きめの付箋を一束ずつ持っています。

前述のようにバリューチェーンには，主活動，支援活動があります。それぞれを構成する各活動の具体的内容を，１枚の付箋に１アイデア（１行動）というルールの下で各自が思いつくままに書いていきます。付箋に書かれたアイデアは，対応する活動のボックス内に貼っていきます。グループの人数などを考慮して，１人最低何枚の付箋を書くかをあらかじめ決めておきます。例えば，３人程度のグループでしたら，それぞれ主活動に５枚，支援活動に５枚，合計30枚以上をノルマとするなどのルールです。記入する内容は，製造業の主活動であれば，"○○部品の製造"，"△△製品の技術営業"などが挙げられます。支援活動であれば，"データベース管理システム"や"人事評価制度"などが挙げられるでしょう。

各自が付箋を書き終わったら，ファイブフォース分析同様に同じあるいは似たようなアイデアをまとめ，重ねて整理していきます。ひとまとめになった付箋のグループごとに，それらグループを総称する名前を付けていきます。模造紙上のバリューチェーン分析のフレームワークには，これらの付箋グループの山がいくつか置かれている状態になるはずです。

　目安としては，これらの付箋のグループを6〜10個作るようにします。これら全ての中から，自社の強みになりそうなものを3〜5つ，弱みだと思われるものも3〜5つ選びます。その上で，それぞれをVRIO分析で確認します。例えば，"〇〇部品の製造"が高い製造技術に裏付けられたものであれば，強みの源泉となり得ますが，それをVRIO分析で本当の強みと言えるか分析します。一方，"データベース管理システム"が他社に遅れており，時代に取り残されていると考えられれば，弱みとなる可能性が高くなります。

図表7-11　KJ法によるアイデア出し
のイメージ

（筆者作成）

5　クロスSWOT分析

　外部環境分析と内部環境分析が完了すればSWOTの表が完成しているはずです。その結果に基づきクロスSWOT分析を行います。

　SWOT分析で書き出した内部環境要因（強みと弱み）と外部環境要因（機会と脅威）を掛け合わせて解決すべき課題や事業の方向性を導き出す分析手法です。このとき，必ず内部環境要因と外部環境要因を掛け合わせます。

　あるIT機器メーカーを例に，実際にどのように組み合わせていくかを見ていきましょう。例えば，強みとして，「多様な顧客対応力による高い営業力」が提示されているとします。技術職社員を含めた全社的なジョブローテーションの成果で，技術営業の得意な営業職社員が数多く育っていると評価されています。逆に，弱みには，「高い生産コスト」が挙がっているとします。人件費の安

い海外工場での生産を行っていましたが，現地経済の発展に伴う人件費の高騰と部品の調達コスト増加が原因です。

一方，機会としては，「オンライン取引の普及」です。物流関連のインフラが近年大きく発達してきたことも，それを支えるプラス要因として働いています。また，「新しい製造装置の登場」が期待されており，それを導入することで大きなコストダウンが期待できます。一方，脅威としては，「海外企業の新規参入」が挙がっています。安価な代替品を提供することが可能です。また，「供給産業の統合」も脅威です。サプライヤーとなっている企業が限定的になり自社の価格や条件に関する交渉力が低下する要因となるためです。以上の強みと弱み，機会と脅威の例を図表7－12に記載しました。

この例を元にクロスSWOTを進めてみましょう。例えば，機会である「オンライン取引」と強みである「高い営業力」とを組み合わせます。オンライン取引により自社製品販売の機会が広がるのですから，多様な顧客の利用機会を踏まえた製品案内を，得意の技術営業を活かして，さらなる営業力の向上が期待できます。このような収益向上に至る指針を重要成功要因（Key Success

図表7－12　クロスSWOT分析の例

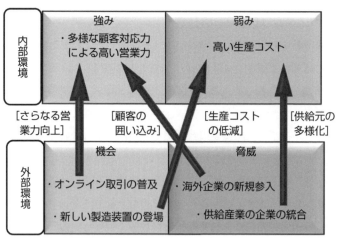

（筆者作成）

Factor ＝ KSF）と呼びます。クロスSWOTを行う目的は，自社が収益向上のために何をすべきかを示すKSFを導出することです。

　次に，機会である「新しい製造装置の登場」に弱みである「高い生産コスト」を掛け合わせてみましょう。新たな製造装置の導入により製品加工時間が大幅に短縮できます。その場合，大きなコスト削減につながります。コスト削減は収益向上に直結しますから，単純な例ではありますが，十分なKSFとなります。

　「海外企業の進出」の脅威は，どう乗り切ればよいでしょうか？　ここでは，「多様な顧客対応力による高い営業力」で解決を図ることが考えられます。自社製品の品質が良いことが前提となりますが，安価な他社製品が市場に出回っても，そちらに流れないように既存顧客との関係性を強化する努力をします。自社製品の魅力を伝えるためのイベントを企画したり，自社製品を愛用し続けてもらうために顧客の意見を取り込む仕組みをさらに充実させたり，顧客満足度向上に訴求して囲い込みを行います。これも一つのKSFです

　以上は単純な例ですが，クロスSWOTでは，自由に外部環境と内部環境を掛け合わせてKSFを考えることになりますが，その中でも「弱み」と「脅威」の掛け合わせは，あまり良い組み合わせではありません。これは，マイナス要因同士の掛け合わせであり，どうしても後ろ向きの対応策になります。例えば，供給元企業が統合し，自社への供給源が限定的になっていることが見込まれていれば，元々高い生産コストがさらに増加することになります。この流れを断つためには，自社の買い手としての交渉力を強化し，価格交渉を優位にする必要があります。方法としては，供給元を多様化する必要がありますが，これは決して容易ではありません。もちろん，自社の脅威として，このような要因を把握しておくことは重要ですが，収益向上に寄与するKSFを考える上では，できれば自社の強みあるいは機会を活用できるような指針が望ましいです。

　以上のようにクロスSWOTにより，今後の収益向上のために自社が何をすべきかを示すKSFを提示します。KSFが抽出されたら，次はそれらを実現することでどのように売上げや利益を増加させるかをストーリーにしていきます。

6 戦略ストーリーの明示

クロスSWOT分析の結果，自社の収益力向上のために何をすべきか，または
そのための方向性がKSFという戦略の形で「見える化」されます。それは，企
業が置かれている現状を見据えた上で，将来の「あるべき姿」を見出すことに
他なりません。このように，現在置かれている状況とあるべき姿とのギャップ
を常に意識的に比較することは，経営戦略を策定し実行する上で非常に重要で
す。継続的に現状とあるべき姿とのギャップがどれだけ埋まってきたかを，
PDCAサイクルを回しながら確認していくことが有効です。

そのためにも，戦略を実現するまでの道のりを明示することが重要です。
Kaplanら（1996）は，企業の最終的な目的である収益向上を実現するための道
筋を示す方法論として，バランススコアカード（balanced score card＝BSC）
という手法を提示しました。その中でも戦略マップというフレームワークを用
いて今後の戦略を明示することが有効です。

BSCは，企業が組織的に目標を達成するための経営システムです。その特徴
は，

① 財務的な視点以外にも，中長期的，社内外の多面的な視点で捉えること

② ビジネスモデルを見える化（可視化）すること

③ そのビジネスモデルに合致した目標数値を明確化すること

にあります。

そして，設定された戦略目標に対して4つの視点で分析・評価しアクション
プランを提示し，それを収益向上に繋げる「ストーリー」を明示するのが戦略
マップです。4つの視点とは，一般に「財務の視点」「顧客の視点」「業務プロ
セスの視点」「人材と変革の視点」とされています。

企業の目標である収益向上というゴールを達成するまでのストーリーを戦略
マップにより，共有化できます。民間企業の最終目的は営利です。そのため最
終的な設定目標は売上げや利益の増加，つまり「財務の視点」の目標となりま
す。その実現のために「顧客の視点」による活動があり，また，それを支える

154

「業務プロセスの視点」と「人材と変革の視点」の活動まで展開します。これら各視点に基づく活動を横軸とし，既に抽出したKSFを縦軸に取ります。それぞれのKSFを最終的に「財務の視点」の目標に導くためにはどのような活動が必要であるかを，対応する各視点に基づく活動として記入していきます。KSFの性質によっては，全ての視点において適切な活動が存在しない場合もあります。その場合，無理に書き込む必要はありません。

　書き込んだ活動内容は，全て関連付けていく必要があります。その際，「人材と変革の視点」から「業務プロセスの視点」，「顧客の視点」，「財務の視点」と視点が進むように関連付けていきます。実際には，関連を矢印で示すとわかりやすいでしょう。場合によっては，横のKSFの間を越えて，波及効果が期待

図表7－13　BSCを用いた戦略マップの例

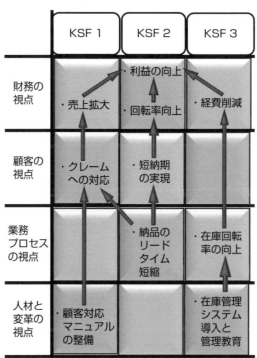

（出典）Kaplan and Norton（1996）に基づき筆者作成

できる活動は結びつけることが望ましいです。なお，全ての活動内容が矢印で
つながれ，最終的には「財務の視点」の活動内容，つまり利益の向上に帰結す
る必要があります。

7　戦略から戦術へ

　経営戦略のフレームワークの流れを通して企業の全容を把握することで，実
際に経営戦略を策定する上で重要なものは何かが「見える化」されます。「見
える化」された企業の現状や優先的に行っていくべき活動は何かなどの判断に
基づき，どのように経営を舵取りし，どのような施策を講じるか，それらをど
のタイミングで実行するかなどの具体的内容を，実際の戦略行動計画として立
案していくこととなります。

　本章で示したプロセスは単純で誰でもできる立案方法ですが，それゆえに汎
用性が高く，強みと機会を掛け合わせて，今後の事業成長に活用することがで
きます。第1章で述べた事業承継計画表の作成においても，ここで構築した具
体的な戦略は十分活用できるはずです。

参 考 文 献

スティーブン P. ロビンス（2009）『組織行動のマネジメント』（髙木晴夫　訳），ダイヤモンド社

藤井智比佐（2006）『図解入門ビジネス決算書読解力の基本が身につく88の極意』，秀和システム

小泉正明・庄司　弘文（2012）『図解入門ビジネス最新会計の基本と仕組みがよ〜くわかる本』，秀和システム

フレデリック・ハーズバーグ（1968）『仕事と人間性―動機づけ―衛生理論の新展開』，東洋経済新報社

アリソン・ビアード，リチャード・ホーニック（2012）「5社のCSRに学ぶ ステークホルダー経営の優秀事例〔It's Hard to Be Good〕」，Diamond　ハーバード・ビジネス・レビュー，2012年3月号特集「『チェンジ・ザ・ワールド』の経営論」

稲盛和夫（2006）『アメーバ経営―ひとりひとりの社員が主役』日本経済新聞出版社

坂本光司（2017）『人を大切にする経営学講義』PHP研究所

田中雅子（2017）『経営理念浸透のメカニズム』中央経済社

独立行政法人中小企業基盤整備機構（2007）「中小企業のための知的資産経営マニュアル」

西岡慶子（2018）「CSVによる競争戦略」『ファミリービジネスのイノベーション』第5章，白桃書房

野中郁次郎・勝見明（2015）「全員経営―自律分散イノベーション企業　成功の本質」日本経済新聞出版社

Porter ME, (1996) What is Strategy?, Harvard Business Review, November-December, pp.61-78.

後藤敏夫編著（2012）「ファミリービジネス―知られざる実力と可能性」白桃

書房

沈政郁（2010）「日本の同族企業：長期データセット（1955-2000年）を用いた実証分析」一橋大学博士論文

Davis JA and Tagiuri R（1989）The influence of life stage on father-son work relationships in family companies, Family Business Review, 1989, 2（1）, pp.47-74.

Hollander BS（1987）Silver spoon syndrome, Family Business Sourcebook II, pp.499-500.

Eckrich CJ and Loughead TA（1996）Effects of Family Business Membership and Psychological Separation on the Career Development of Late Adolescents, Family Business Review, 9（3）, pp.369-386.

Venter E, Boshoff C and Maas G（2005）The Influence of Successor-Related Factors on the Succession Process in Small and Medium-Sized Family Businesses, Family Business Review, 18（4）, pp.283-303.

佐川明生（2013）『「会社法」のかしこい使い方』，アニモ出版

山田直樹（2012）「新・会社法実務NAVI 第4回・第5回」ビジネスロー・ジャーナル，2012年3月号・4月号，レクシスネクシス・ジャパン

川喜田二郎（2017）『発想法改版―創造性開発のために―』，中央公論新社

榊原清則（2013）『経営学入門 上 第2版』，日本経済新聞出版社

逢沢明（2003）『京大式ロジカルシンキング―頭スッキリ！実践論理のスキルアップ』，サンマーク出版

Derek F. Abell（1980）Defining the Business: The Starting Point of Strategic Planning, Prentice-Hall

Jay B. Barney（1997）Gaining and sustaining competitive advantage, Reading, MA: Addison-Wesley Pub. Co.

Joseph A. Schumpeter（1934）The theory of economic development: An inquiry into profits, capital, credit, interest, and the business cycle,

Cambridge, MA: Harvard University Press

Michael E. Porter (1980) Competitive strategy: Techniques for analyzing industries and competitors, New York, NY: Free Press

Michael E. Porter (1985) Competitive advantage: creating and sustaining superior performance, New York: Free Press

Philip Kotler (1997) Marketing management: Analysis, planning, implementation, and control, 9th edition, Upper Saddle River, NJ: Prentice Hall

Robert S. Kaplan and David P. Norton (1996) The Balanced Scorecard: Translating Strategy into Action, Boston, MA: Harvard Business School Press

【著者紹介】

玄場公規（げんば　きみのり）

　法政大学大学院イノベーション・マネジメント研究科・教授。東京大学学術博士。三和総合研究所研究員，東京大学大学院工学系研究科助手，東京大学工学系研究科アクセンチェア寄附講座助教授，スタンフォード大学客員研究員，芝浦工業大学大学院工学マネジメント研究科助教授，立命館大学大学院テクノロジー・マネジメント研究科副研究科長・教授を経て，現職。

山田直樹（やまだ　なおき）

　志縁（しえん）経営司法書士事務所代表。司法書士・中小企業診断士。中央大学法学部法律学科卒業。司法書士事務所勤務を経て伊藤忠ビジネスコンサルティング株式会社へ入社。前・同社ビジネスサポート部長。伊藤忠グループ会社の設立，合併，株主総会業務を22年以上にわたり年間100社以上担当。商取引法務の基礎・コンプライアンス・会社法・株主総会実務セミナーなどの講師担当。2018年3月末に法政大学経営大学院イノベーション・マネジメント研究科卒業，同研究科特任講師。

栗原浩一（くりはら　こういち）

　中小企業診断士，MBA。2018年3月法政大学経営大学院イノベーション・マネジメント研究科修了，同年4月より同研究科特任講師。デザイン事務所に勤務した後，法律事務所へ転職し外国人の日本在留サポートのコンサルタントとして約10年勤務。就労に係る在留資格の取得から複雑なLGBTに係るケースまで年間500件近くの案件に携わる。在日米国総領事のスピーチ通訳，宇宙開発事業関連の文書翻訳など，日英の通訳・翻訳歴は足掛け約20年。TOEIC受験者向け学習書など著書10冊。

内田　聡（うちだ　さとし）

　中小企業診断士，MBA，健康経営アドバイザー，法政大学特任講師，法政大学ファミリービジネス研究部会幹事。法政大学大学院イノベーション・マネジメント研究科卒。楽器小売店を14年勤務。マネージャー，店長，販売員でそれぞれトップセールスの成績を残し，独立。独自の社員教育プログラム作成し，製造業の企業にて事業承継セミナーを千葉県産業振興センターと共催。「後継者としての会社作りセミナー」等多数実施ほか。「後継者の会」を幹事として企画，運営している。

著者との契約により検印省略

令和 2 年 8 月 30 日　初　版　発　行　　**事業承継支援マニュアル**

	玄　場　公　規
著　　者	山　田　直　樹
	栗　原　浩　一
	内　田　　　聡
発　行　者	大　坪　克　行
製　版　所	美研プリンティング株式会社
印　刷　所	税経印刷株式会社
製　本　所	牧製本印刷株式会社

発行所　東京都新宿区　　　株式　税務経理協会
　　　　下落合 2 丁目 5 番13号　会社

郵便番号　161-0033　振替　00190-2-187408　電話　(03) 3953-3301 (編集代表)
　　　　　　　　　　　FAX　(03) 3565-3391　　　　(03) 3953-3325 (営業代表)
　　　　　　URL　http://www.zeikei.co.jp/
　　　　　　乱丁・落丁の場合はお取替えいたします。

ISBN978-4-419-06718-2　C3034